Yin Wei Bu Wan Mei Sheng Ming Zong You Wu Xian Ke Neng

因为不完美，
生命总有无限可能

每天读点培根

叶舟◎著

江西人民出版社
Jiangxi People's Publishing House
全国百佳出版社

图书在版编目（CIP）数据

因为不完美，生命总有无限可能：每天读点培根 /
叶舟著. -- 南昌：江西人民出版社，2017.3

ISBN 978-7-210-09050-2

Ⅰ. ①因… Ⅱ. ①叶… Ⅲ. ①培根（Bacon,
Francis 1561-1626）—语录 Ⅳ. ①B561.21

中国版本图书馆CIP数据核字（2016）第315414号

因为不完美，生命总有无限可能：每天读点培根

叶舟 / 著

责任编辑 / 冯雪松

出版发行 / 江西人民出版社

印刷 / 华北石油华星印务有限公司

版次 / 2017年3月第1版

2017年3月第1次印刷

880毫米×1280毫米　1/32　7印张

字数 / 140千字

ISBN 978-7-210-09050-2

定价 / 32.80元

赣版权登字-01-2016-930

如有质量问题，请寄回印厂调换。联系电话：010-64926437

生命总有无限可能

弗朗西斯·培根，英国文艺复兴时期重要的散文家、法学家、哲学家、政治家，英国唯物主义和整个现代实验科学的始祖。他提出了"知识就是力量"的著名论断，创立了科学归纳法，鼓励人们以科学的方法认识自然和改造自然，对整个人类的思想产生了深远影响。黑格尔这样评价培根："丰富的想象、有力的机智、透彻的智慧，他把这种才智运用在一切对象中最有趣的那个上，即通常所谓的人世。在我们看来，这就是培根的特色。"

　　培根的大脑既饱含哲学思维，又通达人情世故。据说，他一生大半时间都汲汲于功名，入世极深。他出身名门，才华出众而雄心勃勃，期望得到一条谋取功名利禄的捷径，然而总是事与愿违，他不仅长时间默默无闻，而且还曾因审判好友叛乱一案而饱受争议。但在伊丽莎白驾崩后，他先后被任命为首席检察官、掌玺大臣、大法官。正当春风得意、青云直上之时，他又因卷入一起受贿案而遭议会弹劾，最终被削官为民，锒铛入狱。后来，他潜心学术研究并终成大器，这才有了今天我们眼里的培根。

　　培根一度置身于英国上流社会，宦海沉浮的经历丰富了他的阅历，锤炼了他的性格，他为此写下了饱含老辣深湛的处世思想的著作。最值得一提的是，他的《培根人生随笔》是多年反复锤炼的精工之作，写了三十年时间。1597年，《培根人生随笔》在英国首版后，即以文笔优美、语句简洁、趣味隽永、格言精妙而大受欢迎。作为一名学识渊博且通晓人情世故的哲学家和思想家，培根在此书中表现出了成熟、独到的处世智慧。法国的让·德·维莱说："《培根人生随笔》体现了明智的处世本领，为世人所广泛传阅。"四百年来，《培根人生随笔》多次再版重印，世界上几乎所有文字都有其译本。2000年，被美国《生活》杂志评选为"人类有史以来的20种最佳书"之一。它与《蒙田随笔》《帕斯卡尔思想录》一起，被人们誉为欧洲近代哲理散文三大经典。

在培根的著作中，他不仅谈及当下人最关心的话题，更让我们看到一个多面的培根。从"论真理""论死亡""论人的天性"等话题中，可以看到一个热爱生命的培根；从"论爱情""论友情""论婚姻与独身"等话题中，可以看到一个富有生活情趣的培根；从"论逆境""论幸运""论残疾"等话题中，可以看到一个自强不息的培根……可以说，一切生活中的无奈和迷茫，我们都能在培根的思想中找到答案。

本书从《培根人生随笔》《论家庭，论教育》等书中精挑细选，采撷名言警句，摘录书中极具启发性的语句，通过短小精悍、富含哲理的小故事进行阐述和拓展，让读者明白生活的真谛，教给读者切实可行的生活技巧，并启发读者感悟思考，吸收先哲留给我们的思想精华。

目录

第一章　培根谈时间：请珍惜生命的每一分钟

时间是衡量事业的标准　·················002

要尽善尽美就要统筹兼顾　·················005

抓住机会出现的一瞬间　·················008

合理安排时间有助于成功　·················013

要牢牢抓住每一天　·················016

成功在于把握住关键时间　·················018

第二章　培根谈读书成长：让自己成为睿智的人

知识就是力量 ·················026

意识到书籍的重要作用 ·················030

人生需要智慧，智慧来自学习 ·················033

学识让人格和修养更完美 ·················037

终生学习，永远进取 ·················040

学习可以缩小与他人的差距 ·················045

第三章　培根谈与人相处：有朋友的世界不寂寞

成功需要一张完美的"人脉网" ··············050

密友是自己缓解伤痛的药 ·················054

朋友可以给你世间最好的建议 ·············058

增强你的沟通力，你才会有人缘 ··········062

友谊是人生中不可缺少的 ·················066

呵护友谊，好朋友不难有 ·················071

关心他人才能赢得好朋友 ·················074

人生需要多些协作、少点敌意 ·············077

第四章　培根谈快乐活法：享受生活给你的一切

过于追求完美的生活不快乐 ·············082

生活如香茗，只可品不可暴饮 ·············085

真实的活着本身就是种幸福 ·············089

把平凡过得不平凡 ·············091

舍不得，又如何能得到 ·············095

别把烦恼带回家 ·············099

第五章　培根谈个人品德：修养决定了你的世界

用美德来去除心中的杂草 ·············106

自尊自爱，正确认识自己 ·············109

找到生活的真谛 ·············113

少一些抱怨，多一些赞美 ·············116

成功，从仪表开始 ·············120

做一个大度的"世界公民" ·············126

别让猜忌、嫉妒、虚荣害了你 ·············131

第六章　培根谈生活本质：拒绝碌碌无为的生活

做好自己擅长的事 ················ 138

先设定一个小目标 ················ 143

目标正确才会得到所想要的 ·········· 147

只有行动才能创造奇迹 ············· 150

一次只做一件事 ················· 154

贡献最多的，正是要求最少的 ········· 158

生命的价值不在长短而在质量 ········· 161

第七章　培根谈人生伤痛：苦难才是真正的人生

不要只见汪洋不见陆地 ············· 168

因为不完美，生命才有无限可能 ········ 172

战胜自己，你能面对任何挑战 ········· 176

失败再强大，也战胜不了坚持 ········· 180

困难没有你想的那么难 ············· 185

越想放弃的时候，越不能放弃 ········· 189

附录 ······························ 193

第一章

培根谈时间：请珍惜生命的每一分钟

　　善于选择要点就意味着节约时间，而不得要领的瞎忙，却等于乱放空炮。

时间是衡量事业的标准

> 时间是衡量事业的标准，如同金钱是衡量货物的标准。
>
> ——培根

培根说："时间是衡量事业的标准。"很多人会问：如何用时间去衡量事业呢？这个标准是什么呢？其实，这个标准就在于你搞定时间的水平如何。我们在赞叹成功者的成就大小时，实际上是使用了时间的尺度。成功者在有限的时间内，做出了超越常人的贡献，这是他们的伟大所在。我们赞叹爱迪生的伟大，也常常想到他一生中的1000多项科学发明；我们赞叹莎士比亚的伟大，也常常离不开他一生写了600多万字的著作。他们之所以取得如此惊人的成就，其中一个关键就是从不浪费时间。

有一个年轻人找到了一份替镇政府看门的工作。由于工作太轻闲，他不想就此虚度光阴，于是选择了又费时又费工的打磨镜片当作自己的业余爱好。就这样，他磨呀磨，一磨就是60年。他是那样的专注细致和锲而不舍。他的技术已经超过专业技师了，他磨出的复合镜片的放大倍数，比他们的都要高。

借着他研磨的镜片，他终于发现了当时科技尚未知晓的另一个广阔的世界——微生物世界。

从此，他声名大振，只有初中文化的他，被授予了巴黎科学院院士的头衔。就连英国女王都到小镇拜会过他。

创造这个奇迹的小人物，就是科学史上鼎鼎大名的荷兰科学家万·列文虎克，他老老实实地把手头上的每一个玻璃片磨好，用尽毕生的心血，致力于每一个平淡无奇的细节的完善，终于他在他的细节里看到了他的上帝，科学也在他的细节里看到了自己更广阔的前景。

用60年时间来换取一个伟大的发现，人们都会说："值！"但真要一个人花上60年的时间来专注某件事情，有几个人能做到呢？一生能做好一件事也并非易事。

实力雄厚、目光远大、刻苦耐劳的事业家，也是珍惜时间、默默做事的人，他们从不多耗费一点一滴的宝贵时间。

在富兰克林报社的商店里，一位犹豫了将近一个小时的男人终于开口问店员："这本书多少钱？"

"一美元。"店员回答。

"一美元？"这人又问，"你能不能少要点？"

　　"它的价格就是一美元。"除此以外，没有别的回答。

　　这位顾客又看了一会儿，然后问："富兰克林先生在吗？"

　　"在，"店员回答，"他在印刷室忙着呢。"

　　"那好，我要见见他。"这个人坚持一定要见富兰克林。于是，富兰克林就被找了出来。这个人问："富兰克林先生，这本书你能出的最低价格是多少？"

　　"一美元二十五美分。"富兰克林不假思索地回答。

　　"一美元二十五美分？你的店员刚才还说一美元一本呢！"买书人不解地问道。

　　"这没错，"富兰克林说，"但是，我情愿倒贴给你一美元也不愿意离开我的工作。"

　　这位顾客惊异了。他心想，算了，结束这场自己引起的争论吧，他说："好，这样，你说这本书最少要卖多少钱吧。"

　　"一美元五十分。"

　　"又变成一美元五十分了？你刚才不是还说一美元二十五分吗？"

　　"对！"富兰克林冷冷地说，"我现在能出的价钱就是一美元五十分。"

　　这人默默地把钱放到柜台上，拿起书出去了。

　　我们的生命都是有限的，因而时间十分珍贵。对于有志者，时间就是金钱，时间就是成功的砝码，因此，浪费别人的时间就等于谋财害命。我们都应该好好利用自己的时间，也好好珍惜别人的时间。

据说，培根任英格兰大法官的时候，每天总是准时来到办公室，下午按时下班。他通常与许多员工在一个办公室里一起工作，这样他可以随时指挥手下的员工，按照他的计划去做事。如果你走进他的办公室，很容易见到他，但是如果你没有重要的事情，培根是绝对不会欢迎闲聊的拜访者。他能够准确地判断一个人说话的时间，所以他对那些耗费别人宝贵时光的人是不能容忍的。

成功的人不会浪费时间，他们把点点滴滴的时间都看成是浪费不起的珍贵财富，把人的脑力和体力看成是上苍赐予的珍贵礼物，绝不随意地浪费掉。

要尽善尽美就要统筹兼顾

合理的安排时间，就等于节约时间。

——培根

有些事情在日常生活中可谓屡见不鲜：昨天你忘了拿电脑，上周你忘了带公文包，更令人啼笑皆非的是，你竟记不住客户的名字。你不禁大声埋怨自己：瞧我这记性，真糟糕！

不知你想过没有，这些都是你没有做到时间上的统筹兼顾的后果，不仅浪费了很多时间，而且也给自己带来了不便和尴尬，从而严重影响你的生活和学习。

如果我们把这些生活琐事进行合理安排，把你的时间从多方面、多角度进行一下分配，尽量做到统筹兼顾，那么，不但能节省时间，同时也能提高你的工作效率，做出一定的成绩来。

培根在任大法官的时候，手下有一位叫蒙斯娜的工作人员，她的热情和周到让他实在感动，他说蒙斯娜是他一生中遇到的最会安排时间的人。为此他与蒙斯娜进行了一次长谈。

蒙斯娜说，自己的母亲是一个凡事要求尽善尽美的人，她不能原谅任何一件事没有做好。起初，蒙斯娜认为这是一种很可怕的教育方式，但事实上，在母亲的影响下，她从小就懂得一个道理，要想把事情做到尽善尽美，就必须学会统筹安排好时间。

上大学后，有一天上课老师问了蒙斯娜一个简单的问题，她第一遍没听懂，第二遍听懂了，却不知道该怎么回答，于是僵在课堂上。老师让她坐下，她难受极了，觉得很丢脸，不坐也不说话，顽强地忍着眼泪不流下来。她这才知道自己的成绩跟别的同学比起来存在很大的差距。

老师接着上课，而蒙斯娜整整站了一节课，什么也没听进去。下课后，她跑到后院的操场上大哭了一场。之后她下定决心，一定要成为最好的学生。她决定好好统筹安排自己的时间，充分利用每一分钟。她非常用功，每天早起晚睡，清晨5点起床，不管多冷，对着大树大声地念，大声地背，把头一天学的东西翻来覆去地弄好几遍，直到完全掌握才去吃早餐。

就这样，四年以后她终于以全年级第一的好成绩毕业，之后被分配到了英国皇家法院做了一名秘书。

到了法院，她把法院所有人的名字、工作职责甚至连他们家属的名字都记得滚瓜烂熟。有时候有些人来法院不知道该找谁，她也会多问问，尽量帮助他们准确地找到人。慢慢的，法院人员要是有事外出，并不是告诉他们的助理，而是告诉蒙斯娜会有谁来拜访，有什么事情需要转告或处理，她成了全面负责的留言台，不止是公事，有时候私事也委托她通知传达。她也越做越来劲，不怕烦，不怕累，就怕没事干闲着浪费时间。

就这样，蒙斯娜合理地利用好每一分钟，凡事都搞得清清楚楚、明明白白，把事情安排得井井有条，尽量做到尽善尽美，不但赢得了法院所有人的表扬，还荣升为二等秘书。

蒙斯娜每一天都在精心地进行统筹安排，为的是把工作做好，这也为她良好的人际关系打下了坚实的基础。培根在《论人生》中说道："在人的一生中，经常要同时做很多事情，想做到尽善尽美，对大部人来说是很难的。但是如果你做到了统筹兼顾地安排时间，就不可能不成功。不会统筹兼顾、面面俱到地安排时间，往往就会浪费生命中宝贵的时间，更没有什么高效能可言了。"

任何时候都要做到统筹兼顾地利用时间，否则你就不会发现、利用一些"零碎""隐藏"的时间，甚至还会浪费时间。只有把时间分分秒秒都进行合理地分配，才会取得优异的成绩，为自己的将来打下坚实的基础，也才能向更大的成功者靠拢。

抓住机会出现的一瞬间

> 幸运的时机好比市场上的交易，只要你稍有延误，它就将掉价了。
>
> ——培根

很多人在期待机会，但他们却只在痴等着机遇，他们不知道在痴等的时候，机会有时会与他们擦身而过。其实，现实中处处有机会，只是很多人忽视了他们。当你参加了某公司的招聘面试时，你已经有了成为他们员工的机会；当你成为某酒店的服务员时，你已经有了成为酒店经理的机会；当你成为公司的骨干时，你已经有了做老板的机会；当你成为一个老板的时，你已经有了成为富豪的机会……而成功的关键，都是源于抓住眼前的机会。

一个人被洪水逼到了岌岌可危的房顶，但他很坦然，因为他相信上帝会来救他的。

一块大木头漂了过来，他却无动于衷，因为他相信上帝会来救他的。

过了一会儿，他又看见一艘救援的皮艇，他没有呼救，因为他相信上帝会来救他的。

不久，他看见一架救援的直升机，他也没有呼救，因为他相信上帝会来救他的。

他被洪水淹死后来到上帝面前责问道："我对你如此的忠诚，在我面对死亡的时候你为何见死不救？"

上帝回答："我先给你派去一块木头，又给你派去皮艇和飞机，是你自己不愿上去的，这哪能怪我呢？"

很多人也和这个人一样对待眼前的机会，他们把老板看成给予自己机会的上帝，总希望他把机会砸到自己的头上，殊不知上司时常会给员工机会，只是他们不知道抓住而已。一份工作会隐藏很多机会，但不善于抓住机会，那些机会也不过是过眼烟云。牛顿从落在他头上的苹果这一现象里发现万有引力规律；细菌学专家在发霉的培养液里发现了青霉素；爱迪生在千余种材料中找到适合做灯丝的材料……这些成功在旁人眼里无一不是巧合，但数千年来不知有多少人被苹果砸中过，不知有多少人见过发霉的物品，不知有多少人与各种金属材料、植物纤维打过交道，但他们发现不了万有引力规律、青霉素和灯丝，并不是没有机遇，而是他们没有抓住机遇。

1602年，伊丽莎白去世，詹姆斯一世继位。由于培根曾力主苏格兰与英格兰的合并，受到詹姆斯的大力赞赏，培根因此平步青云，扶摇直上。

1602年培根受封为爵士，1604年被任命为詹姆斯的顾问，1607年被任命为副检察长，1613年被委任为首席检察官，1616年被任命为枢密院顾问，1617年提升为掌玺大臣，1618年晋升为英格兰的大陆官，授封为维鲁兰男爵，1621年又授封为奥尔本斯子爵。但培根的才能和志趣不在国务活动上，而在对科学真理的探求上。这一时期，他在学术研究上取得了巨大的成果，并出版了多部著作。

詹姆斯一世继位是培根一生最大的机会，他抓住了。在

《培根随笔》中有这样一段话："机会的得到，在于人们主观努力；机会的失去，是由于人们的不努力；机会能否抓住，关键在于一个人的努力。只有正确认识努力与机遇的关系，才能使自己认识机遇、抓住机遇，从而获得成功。要想把握住机会，就必须客观地认识自己和周围的事物，正确看待自己的工作。要努力改善自身，否则你永远看不到机会，永远不会觉得自己会获得成功。"

有一个在医学院就读的年轻人，进了一家知名的大医院实习，更幸运的是，他在一位非常有名的外科医师手下实习。年轻人早就仰慕这位医师，希望自己能从这位专家那里学到一些做高难手术的技巧。于是有一天，他问医师："我能看你做手术吗？"

医师看了他一眼，说："可以，明早7点半，我有一个手术。"

年轻人迟疑了一下，因为他通常早上起得比较晚，7点半对他来说有些早，不过他还是对医师点了点头。第二天，他没有按时来到手术室，医师做完手术走进办公室，发现他坐在那里。

"你去了哪里？"

"我睡过头了，起来一看，已经晚了。"他回答说。

"下次一定注意。"医师说道。

"好的。"

可是，一连几次，他都没有来，再次碰见医师的时候，他问医师："你下午有没有手术，如果有，下午我比较方便一些。"

"对不起，我总在早上做手术。我要挑病人最好的状态，早晨刚醒是最好的时间。"

"哦……"

之后，医师再也没有向他发出过邀请。

作为一名实习医生，能和一位自己早就仰慕的著名医师学习，这是提高自己医术的好机会。可是，这个年轻人却改不了爱睡懒觉的习惯，也不能为病人设身处地地着想。于是让这眼前的机会白白地溜走了。

从哲学的角度看，主观努力是内因，机会是外因，外因只有通过内因才能起作用，能否抓住机会，利用好机会，最重要的在于一个人的勤奋努力。所以，我们要激励自己去抓住机会：每天把要做的事都提前准备好，不浪费每一次机会，要认真做好每一件事情，一旦机遇出现的时候，你就会有足够的能力和基础抓住它。每一天的工作都会有提供机会的可能：它让你结识他人，也让他人认识你；能让你得以了解信息、获得友谊、开发人脉资源和发展自己……在生活中，机会会无数次地光顾你。机会是属于每一个人的，但是，你若不能及时地抓住它，它就会瞬间即逝。抓住眼前的机遇，它会帮助你在苦苦的跋涉中来一次大的飞跃。

合理安排时间有助于成功

在适当的时候去做事，可节省时间；背道而行往往会徒劳无功。

——培根

科学安排时间的能力是一个成功人士必备的基本素质。可许多人觉得，提高效率没有错，但不能不顾条件和环境制约，主张一切"慢慢来"。明明三下五除二就可以解决的问题，到了某些人那里却非得拖个少则几天，多则半年，使许多事情事倍功半。究其原因，在于许多人心中缺乏时间概念，没有一个明确而高效的工作方式、方法。时代已进入到市场经济、信息时代，任何陈旧的想法都应当主动抛弃。现代社会的竞争是能力的竞争，是学识的竞争，也是效率的竞争。只有懂得合理安排自己时间的人，才有可能在效率上胜人一筹。

弗雷德里克·泰勒，在贝德汉姆钢铁公司担任科学管理工程师的时候，就曾以事实证明了这个道理。泰勒选了一位名叫施密特的先生，让他按照马表的规定时间来工作。有一个人站在一边拿着一只马表来指挥施密特："现在拿起一块铁，走……现在坐下来休息……现在走……现在休息。"他曾观察过，工人每人每天往货车上装大约12.5吨的生铁，而且中午时就已经筋疲力尽了。在对所有产生疲劳的因素做了一次科学性的研究之后，泰勒认为这些工人不应该每天只运12.5吨的生铁，而应该每天运到47吨。照他的计算，他们应该做到目前成绩的四倍，而且不会疲劳，只是必须要运用合理的方法，这种方法就是一边休息，一边工作。

结果可想而知，别的人每天只能装运12.5吨的生铁，而施密特每天却能装运到47.5吨生铁。而且弗雷德里克·泰勒在贝德汉姆钢铁公司工作的三年里，施密特的工作效率从来没有降低过。他之所以能够做到，是因为他在疲劳之前就有时间休息：每个小时他大约工作26分钟，而休息34分钟。他休息的时间要比他工作的时间多，可是他的工作成绩却差不多是其他人的四倍！他用事实证明，对于从事体力劳动的人来说，如果休息时间多的话，工作效率也会很高。

其实，每一个杰出的人都善于把握时间、运用时间，在最短的时间内做最多的事情。美国一所大学的科研人员对3000名大学生做过调查，发现凡是善于安排时间的学生成绩都很优秀。有时，成功与否的界限就在于怎样分配和利用时间。许多人往往认为，不过是几分钟、几个小时的时间嘛，有什么了不起，实在不行明天再去做。但是，这就是杰出者与平庸者对待时间态度上的根本差异。

培根请了一位助手帮他整理书稿，助手写了一份工作计划，培根批准了他的计划，并问道："那么你什么时候开始呢？"

"明天开始。"助手说。

培根一听，批评他说："为什么不今天开始呢？就是现在！"

从中我们可以看出培根是非常珍惜时间的。

据说在培根创作的巅峰期，他的时间表是：从半夜到中午创作，就是说他每天会在椅子里坐十二个小时，努力创作和修改，然后中午到下午四点校对书样，五点钟用餐，五点半才上床，而到半夜又起床工作。

有句话说得好："从一点一滴的小事可以看出一个人未来的发展。"一个人要做大事，成就一番事业，没有好的习惯是不行的。严格遵守作息时间，科学合理安排时间，可以使我们在学习、工作时精力更集中，效率更高。因此，生活有规律对学习、工作和保护神经系统以及整个身心健康都很有益处。

要牢牢抓住每一天

> 时间乃是最大的革新家。
>
> ——培根

在《培根随笔》中有这样一段话："聪明的人会珍惜过好每一个今天，不浪费今天去追忆昨天、幻想明天，那么到达生命终点时，成功者也毫无遗憾。时间并不能像金钱一样可贮存起来以备不时之需。我们所能够使用的只有被给予的那一瞬间，也就是今天、现在。"是的，抓住每一个今天，你就抓住了全部。

勇敢聪明的人从不因一时的失意而丧失前进的勇气，也不会因此对自己失去了信心，他们会在日志上写道："就在今天，你也可以成为现在所处环境的朋友。意志薄弱、没有信心、感到厌烦等情绪问题都不必去理它，早上一觉醒来就用冷水摩擦你的脸。不要记挂明天、后天的事，只需要好好地充实'今天'，这点应该很容易做得到。只要你切身实行'仅仅今天'，那么一切都会改变。"

聪明人会将这个"仅仅今天"的概念广泛运用在日常生活中。诸如痛苦、病痛、厌恶的事也只要在"仅仅今天"忍耐而已。明天可能无法忍耐，但是起码在"仅仅今天"已经忍耐过去了。

"毋须为明日烦恼忧虑，只须全力以赴地生活在今天。"以这种方式生活做事，对我们的人生可能会产生难以估计的力量。

昨天是一张作废的支票，明天是尚未兑现的期票，只有今天是现金，是有流通性的价值之物。如果不抓住今天，所有的希望都会被消磨，从而在懒散消沉中流逝。

再者说，与其费尽心思把今天可以完成的任务拖到明天，还不如用这些精力把工作做完。任务拖得越久就越难完成，做事的态度就越是勉强。今天能完成的工作，被推迟几天或几个星期后，就会变成负担。在收到信件时没有马上回复，以后再拣起来回信就不那么容易了。许多大公司都有这样的制度：所有信件都必须当天回复。只有今天，更近一步来说，就是珍惜现在的每分每秒，并且，珍惜时间并不只是珍惜你自己的时间，更意味着你要珍惜别人的时间。

"一个人如果根本不在乎别人的时间，"贺拉斯·格里利说，"这和偷别人的钱有什么两样呢？浪费别人的一小时和偷走别人五美元有什么不同呢？况且，很多人工作一小时的价值比五美元要多得多。"

培根在任英国法官时，有时候相约一起吃饭的同僚迟到了，这个时候培根就会自顾自地吃饭而不理睬他们，这使他们感到很尴尬。培根经常这样说："我的表从来不问客人有没有到，它只问时间有没有到。"他的秘书找借口说，自己迟到的原因是表慢了。培根回答说："那么，要么你换一块新表，要么我换一个新秘书。"

如果每天的太阳落山的时候能勇敢地拍着胸脯子自豪地说："今天，我没有白过。"那你就算成功地把握住了今天。

培根说过："过去的事情是无法挽回的。聪明人对现在与未来的事唯恐应付不暇，对既往的事岂能再去计较。"我们要走出昨天的误区，把握今天的时光，如此才能弥补昨天的不足，充实明天。因为时间是最大的革新家。稍有不慎，你就跟不上时间的脚步。那些还徘徊在今天和昨天的人，那些把今天的任务塞给明天的人，如果想在明天干出一番大事业，成为成功者，把握住今天才是最好的选择。

成功在于把握住关键时间

真正迅速的人，并非事情仅仅做得快，而是做得成功而有效的人。

——培根

每个人都有自己的弱点，再凶猛的动物也都有它们的致命点，也就是说都存有要害部位。因此，你要想制服对方，取得胜利，就必须先找到其要害部位，这样才能做到百发百中。时间也是这样，抓住时间其实就等于把握空闲的机会，抓住了空闲的机会，也就抓住了时间，抓住了人生的每一分钟。培根说："真正迅速的人，并非事情仅仅做得快，而是做得成功而有效的人。"人不但要学会利用时间，而且要有效利用时间。

繁忙的政务占用了培根大量的时间和精力，但他并没有舍弃对学术的研究。

1606年，培根任副检察长，他变得更加繁忙了，但他还是坚持写《论古人的智慧》这本书。他几乎把公务以外的每一分钟都花在了思考与写作上。

培根给自己规定："饭后思考，睡前动笔。"为写作找时机。

1609年，即在任副检察长的第三年，他的《论古人的智慧》一书出版，这是培根继《论说文集》《论学术的进展》之后的第三部著作。培根把这本书题献给剑桥大学和此时兼任剑桥校长的姨表兄弟罗伯特·塞西尔·索尔兹伯里伯爵。在献词中，培根说，书里所讨论的那些古代寓言中蕴涵了珍贵的科学思想，他希望学者们能从他的劳动中领受并添加一些东西。

事后，有同事惊讶地问他："你如此繁忙，怎么还有时间写作？你是什么时候写作的？"

培根幽默地回答："我是坐在马桶上创作了它。"

培根的故事告诉我们，只要用心，时间总会有的。我们不妨问一问自己，时间是否也有要害？是不是不可捕获？显然不是的!

当你环视全球，你会对各种事情如此迅速地发生而感到非常惊奇。那么，你知道在3秒钟、3分钟和3小时里，世界上会有什么事情发生变化吗？

每3秒钟：地球将环绕太阳运行91公里，人类将有9个新生命诞生，95架飞机将起飞。

每8分钟：地球上的人将吃掉相当于100头蓝鲸体重的食品，即1.3万吨食品；英国的医生将开出750个治疗气喘病的处方；法国人回收的废纸足可以挽救600棵树不致砍伐。

每3小时：一只蝴蝶蛹变成一只美丽的蝴蝶，9艘油船驶入并停靠在英国港口，英国的猫和狗吃掉的宠物食品足可以装满120万个罐头盒……

知道了把握关键时刻的必要性，就要有所行动，因为只要稍微迟了一步，就可能造成巨大的损失，牢牢地把握时间，才是你目前最主要的选择。

1947年，美孚石油公司董事长贝里奇到开普敦巡视工作，在卫生间里，看到一位黑人小伙子正跪在地板上擦水渍，他每擦一下，就虔诚地叩一下头。贝里奇感到很奇怪，问他为何如此？

黑人答："我在感谢一位圣人。"

贝里奇很为自己下属公司拥有这样的员工感到欣慰。问他为什么要感谢那位圣人？黑人说，是他帮着找了这份工作，让他终于有了饭吃。

贝里奇笑了，说，我曾遇到一位圣人，他使我成了美孚石油公司的董事长，你愿意见他一下吗？黑人说，我是位孤儿，从小靠锡克教养大，我很想报答养育过我的人，这位圣人若使我吃饱之后，还有余钱，我愿去拜访他。

贝里奇说，你一定知道，南非有一座很有名的山，叫大温特胡克山，据我所知，那上面住着一位圣人，能为人指点迷津，凡是能遇到他的人都会前程似锦。20年前，我来南非时登上过那座山，正巧遇到他，并得到他的指点。假如你愿意拜访，我可以向你的经理说情，准你一个月的假。可你要记住一点，只能用一个月的时间，多一天，少一天都不行，因为那样圣人会怪罪的。

这位年轻的黑人是个虔诚的锡克教徒，很相信神的帮助，他谢过贝里奇就上路了。30天的时间里，他一路披荆斩棘，风餐露宿，过草甸、穿森林，历尽艰辛，终于在第30日登上了白雪覆盖的大温特胡克山，他在上面徘徊了一天，除了自己，什么都没有遇到。

黑人小伙子很是失望地回来了，他见到了贝里奇后，说的第一句话是："董事长先生，一路上我格外留意，直至山顶，我发现除了我之外，根本没有什么圣人。"

贝里奇："你说得很对，除你之外，根本没有什么圣人，但你要注意的是你抓住了这30天的时间，不多也不少，这也是你取得的最好收获。"

黑人小伙子一下子恍然大悟，从此不再去寻找圣人来帮助自己了，只凭着自己的毅力分分秒秒奋斗着。

20年以后，这位黑人小伙子做了美孚石油公司开普敦分公司的总经理，他的名字叫贾姆纳。2000年，世界经济论坛大会在上海召开，他作为美孚石油公司的代表参加了大会。在一次记者招待会上，针对他的传奇一生，他说了这么一句话：你发现自己的那一天，就是你遇到圣人的时候；你抓住时机的那一刻，就是圣人给予你帮助的时候。

世上没有圣人之说，就像人间没有天堂一样，任何美好的东西都是靠自己跟时间的拼搏得来的。只要你紧紧抓住眼前的时间，努力奋斗，成功就一定会属于你。这就是贾姆纳的成功经验。

培根说："在一切大事业上，人在开始做事前要像千眼神那样察看时机，而在进行时要像千手神那样抓住时机。"从他的话里我们会发现他十分尊重时间，他告诉我们，抓住了每一分钟，就等于抓住了成功的机会，到了关键时刻，就会展现自己的与众不同和伟大成果。你想要成功，想要梦想成真，就要抓住关键时刻，否则只能是竹篮子打水———一场空。

第二章

培根谈读书成长：让自己成为睿智的人

　　人之才智但有滞碍，无不可读适当之书使之顺畅，一如身体百病，皆可借相宜之运动除之。滚球利睾肾，射箭利胸肺，慢步利肠胃，骑术利头脑，诸如此类。如智力不集中，可令读数学，盖演题需全神贯注，稍有分散即须重演；如不能辩异，可令读经院哲学，盖是辈皆吹毛求疵之人；如不善求同，不善以一物阐证另一物，可令读律师之案卷。如此头脑中凡有缺陷，皆有特效可医。

知识就是力量

> 除了知识和学问之外，世上没有任何其他力量能
> 在人的精神和心灵中，在人的思想想象见解和信仰中
> 建立起统治和权威。
>
> ——培根

1620年，培根总结了他的哲学思想，出版了《新工具》一书。在书中他响亮地提出了"知识就是力量"的观点。他指出，要想控制自然，利用自然，就必须掌握科学知识。他认为真正的哲学必须研究自然，研究科学。为此，他十分重视科学实验，认为只有经过实验才能获得真正的知识。

是的，无论时代如何变迁，知识始终都会是支撑时代发展的重要动力。所以，世界上没有一个国家敢轻视知识的作用。因此，才会有"国家进步，教育先行"的至理名言。而对于我们个人而言，要让自己在短时间之内取得快速的进步，唯一的办法就是学习知识，并使之转化成能力。

没有知识的人很难在社会上立足，因为他们无法做到与社

会的发展同步。所以，无论在什么时候，学习都是我们生存的重要环节。当你学到了让自己生存的本领，你就可以很好地发挥自己的才能，为自己赢得生活的资本。

1605年，培根出版了《论学术的进展》一书，这是培根公开发表的第一部学术著作，是培根学说的首次亮相。在这部著作里，围绕科学知识的价值与功能、科学分类及人类知识的结构、科学的组织管理等问题，培根发表了自己的一套全新的见解，从而引起了科学观上的一场深刻变化，在欧洲科学界和思想界产生了热烈的反响。

当时近代科学刚刚开始起步，科学知识的伟大作用还没有像现在这样被充分展示出来。信仰主义、宗教蒙昧主义还占据着人们的头脑，教会还继续着"知识即罪恶"的宣传。面对这种情况，以复兴科学为目标的培根，首先花大力气清理和纠正旧的科学观，批判贬损科学知识的宗教蒙昧主义，力图在人们的心灵中播下崇尚科学、尊重知识的种子。为此，在二卷本的《论学术的进展》中，培根差不多以整整一卷的篇幅，大谈科学的功劳，颂扬科学的权威，给科学和知识以前所未有的尊崇。

知识的力量是巨大的——它能改变世界，当然，更能改变一个人。

现实生活中有许多人都是这样一步步走出来的。李云龙如今是一家实力雄厚的皮革制造公司的总经理，但是，如果告诉你他其实是一个只有初中文化水平的人，也许你会疑惑，他究竟是如何走到今天的位置上的呢？原来，迫于生计，他初中毕业后就到了一家皮革厂打工。上班第一天，李云龙就被种类繁多的皮革弄得发晕，在家乡只见过牛皮、羊皮的他似乎第一次知道世界上还有这么多种类的皮革。当时公司刚转型不久，大家都没有什么经验，工友们说，皮革发僵、变硬、破损等问题经常出现，影响工期，还经常要返工。怎么办呢？晚上回去躺在床上，李云龙辗转反侧。他最后想到了学习。

第二天一下班，他就奔到书店买了一本《皮革加工1000问》，书的价格是40元，这可相当于李云龙一周的生活费。翻开书，他惊喜地发现，几乎所有的问题在书里都有详细的分析、说明。他索性不睡觉了，爬起来找了一块木板，开始做试验，就这样一直忙到天亮。于是，第二天上班，两眼通红的他解决了一个又一个的难题，而且讲出一套套的理论，同事们看着有些亢奋的他惊奇不已。没多久，他就被任命为厂里的技术骨干。

一旦钻研起来，李云龙便发现，有关皮革的知识非常庞杂，自己需要继续学习。相关的书籍很贵，他就每天去书店蹭书看，每次都看到书店关门。有时候他会捧着书在厂里待到很晚，反复地看书、试验。后来他又自学了电脑。

机遇总是给有准备的人，学完电脑没多久，公司要调一个人到写字楼工作，前提就是会电脑操作，李云龙顺利入选。新的挑战随后开始，李云龙被任命为客户代表。起初的一个多月，李云龙没有签到一个客户。巨大的压力笼罩着他。但他相信知识可以救自己。他总结后认为，一是因为自己和人打交道有问题，见到女客户甚至会脸红，表达能力不好；二是因为自己知识面不宽，与接受过高等教育的客户们缺乏共同语言，而且不能掌握高学历人群的需求和心理。于是，他狂补社交礼仪、演讲口才、顾客心理、营销策略等方面的知识，没多久他见到客户不再紧张了。知识给了他自信。在随后的6个月时间里，他签下了450万的单，名列公司第一位。

因为在每个岗位都能胜任，李云龙逐渐受到重用，先后担任技术监理、销售部经理、客服中心总监等职务，他又开始读《现代人力资源管理》之类的管理类书籍，同时开始为公司编写员工培训教材。

作为高级技术人才调入公司领导层的李云龙目前仍然是初中学历，他笑称自己是写字楼里学历最低的人。不过他的下属却都很服他，他们说，李总相当专业，也很健谈。8年的时间，他改变了自己的人生，凭借的是书和渴望知识的心。

学习知识有助于一个人能力的增长，尤其是在现在的社会环境中，学到有用的知识有助于让人保持与社会的统一步伐，并不断超越时代发展的要求，成为时代的宠儿。也许，对我们来说，"知识就是力量"的含义就在于此。

意识到书籍的重要作用

读书给人以乐趣，给人以光彩，给人以才干。

——培根

"读书给人以乐趣，给人以光彩，给人以才干。"培根的这句名言道出了书籍的作用。卡莱尔曾说："唯有汇聚书籍方能成就大学。"可见，精读一些好书是一种明智的选择，因为这些书将是我们日后成功的基础。

作为学校教育的替代方式，家庭教育具有前所未有的实惠和便利。如今，各个领域的知识都以最富吸引力、最有趣的方式呈现在我们面前，世界一流的文学作品早已进入了寻常百姓家里，而在以前，这些都是上层人士才能拥有的。

纽约一位商界名流曾经邀请人去参观他在第五大道的豪宅。在那幢富丽堂皇的别墅里，每间房子都好像是精心雕琢出来的艺术品。他介绍说，单单卧室的装修就花去了上万美元。墙上挂着的油画更是价值不菲。在这位百万富翁的家里，一件件昂贵的大型家具、奢华的装饰，无一不反映出主人雄厚的财力。当你漫步在房间内的地毯上时，你会觉得自己简直是在亵渎一件圣物。这位商界名流的居所无疑是舒适的、豪奢的，可以充分满足他对虚荣的追求。但是，如果细心观察的话，就会发现在这个富翁的家里，人们几乎找不到一本书。

我们不禁可以想象一下，如果一个孩子在这样的家庭条件下生活，他会变成什么样呢？势必会沉迷于优越的物质生活而造成精神上的极度空虚吧。有位富商从小家境贫寒，没受过良好的教育，他曾感慨地说道："虽然我现在是一个百万富翁，但是如果能够让我得到一份合格教育的话，我宁愿用我一半的财产来交换。"

有很多富翁都这样诉说自己对教育的重视与渴望，他们认识到：在给孩子提供优越的物质生活的同时，还要为他们提供那些能够挽救他们灵魂的财富——那些值得收藏的好书。

在这个世界上有这样一种财富，古代帝王无法获得，但是当今最贫穷的技工和劳工却能够轻松地拥有。这是一种怎样的财富？那就是广博的知识、智慧的头脑和有修养的灵魂。在这个到处都是报纸、杂志和便宜书籍的年代，我们没有任何借口让自己的心灵仍然处于一种贫瘠无知的状态之中。

在今天，只要你能够发挥自己的聪明才智，即使你身患残疾，也可以凭借自己的学识得到真正的财富。因为书籍可以使我们拥有长远的眼光，宽阔的胸襟，能让我们摆脱愚昧和无知，使我们步入知识的王国。

玛丽·沃特尼·蒙塔古夫人说："没有什么休闲活动能比阅读更便宜，持续的时间更长。"是的，好书能够提高人的品味，净化人的心灵，把人的注意力从低级趣味当中引领出来，使人们在一个更高的层面上思考生活。

约翰·拉伯克先生说："英国人本该把时间和精力花费在读书上，但是他们却将其用在了监狱和警察上。"这体现了一种很有讽刺意味的现象：家境贫穷者反而能够自由地和那些最伟大的哲学家、科学家、政治家、军事家、作家们相互交流，而身居陋室的平民也能通过阅读了解整个国家的历史和现状，体验自由与浪漫以及人类进步的方方面面。

在求职时，你是否有过这样的体会，面试官给人的感觉总是受过良好的教育且目光敏锐。在面试时，根本用不着你费尽心思地描述你所读过的书籍，他们往往就能通过你的表情和口才对你的学识有所了解，会立刻知晓你受教育的程度以及你思想的深度。如果你不够自信，表述词不达意，对他们来说，你已经失去了录用的价值，因为你不懂得合理地安排时间来进行阅读，进行思考。

培根说过："从古迄今，在人们所创造的事物当中，唯有书籍是最重要、最奇妙、最有价值的了。从每天的报纸到希伯来的圣经，它们通过黑色的墨水将思想、事件记载在纸张之上，以此发挥出它们无所不能的力量。"科内尔·舒曼总统曾经自豪地指着家中的藏书说，这些书都是自己还是一个穷小子时，靠着多年省吃俭用积攒下来的钱购得的。伟大的德国教授奥坎为了省下钱来买书，只能用无盐的土豆招待阿加西教授，但是他并没有因此而感到羞愧。詹姆斯·弗里曼·克拉克说："我经常会思考这样一个问题：书籍为这个世界做出了何种贡献？它们正在改变着什么？它们是如何使人们保持希望的？是如何唤起我们的勇气和信念的？又是如何减轻我们的伤痛的？之后，我发现，是书籍让那些家境贫穷的人们重新燃起了生活的希望，是书籍将遥远的古代文明与现今的世界各国联结在一起。对于我们来说，书籍创造出了一个崭新的世界，正是它们从天堂为我们带来了真理。"希望大家能早日认识到书籍对一个人成长和成功的重要性，爱上读书，读好书，早日获得成功。

人生需要智慧，智慧来自学习

  读书使人充实，讨论使人机智，笔记使人准确，读史使人明智，读诗使人灵秀，数学使人周密，科学

使人深刻，伦理使人庄重，逻辑修辞使人善辩。凡有
所学，皆成性格。

——培根

"读书使人充实，讨论使人机智，笔记使人准确，读史使
人明智，读诗使人灵秀，数学使人周密，科学使人深刻，伦理
使人庄重，逻辑修辞使人善辩。凡有所学，皆成性格。"这是
培根最精彩的名言之一，从中我们可以看到，每一学科的知识
都能相应地提升我们的某种能力，启迪我们的智慧。

智慧能够决定命运，它是获得快乐和成功的源泉。

尼古拉·培根夫妇的社会地位、教养和学问造就了一种和
谐美满并且崇尚知识的家庭氛围。尼古拉共有5个儿子，其中两
个是他和安妮所生。弗兰西斯·培根是尼古拉最小的儿子，他
的同胞哥哥安东尼·培根比他大两岁。弟兄两个均聪明好学，
深得父母钟爱。安妮笃信加尔文教，加尔文派教徒大多都虔诚
清修，律己甚严，且关心学问，注重教育。有这样的母亲，培
根兄弟幼年的家庭教育自然是十分严格的。小时候，母亲要求
兄弟两个睡前必须看一个小时的书，并且从皇家图书馆借来很
多书供他们阅读。

在剑桥期间，培根读了许多柏拉图、亚里士多德及其注释
家们的著作，接受了系统的逻辑学和语言学的训练。

由此可见，培根之所以能成为一代大家，和他的学习经历是分不开的。

古语云："开卷有益。"小时候，我们的头脑如一张白纸，学什么就成什么。少年时期，看一些优秀的课外读物，参加一些有益身心的课外活动和简单的劳动，对全面挖掘我们的潜能是大有裨益的。

课余时间，我们可以看看百科全书、科普读物、名人传记以及其他古今中外的优秀图书，也可以参观一些科普展，如航天展等。

课外学习能够弥补学校教育时空的限制，对于丰富我们的知识、滋养我们的心灵、激发我们的学习动力将是十分有益的。

周恩来上小学时，进步教员高戈看到他是个聪明、勤奋、求上进的学生，便经常找他谈心，介绍各种进步书刊给他看，如陈天华的《警世钟》《猛回头》等。受这些书刊的影响和启发，周恩来立下了"为中华之崛起而读书"的远大志向。

希腊哲学家苏格拉底说过："真正高明的人，就是能够借助别人的智慧，以使自己不受别人蒙蔽的人。"一个人，获得智慧，感悟人生，绝不能只靠个人的经历和实践，而需借助前人已积累的经验。而要学习前人的经验，最好的方法莫过于读书。古人云："书中自有黄金屋，书中自有颜如玉。"对于任何人而言，读书最大的好处在于：它让求知的人从中获知，让无知的人变得有知。

我们的时代，是信息时代，一切都飞速地发展着。倘若一个人在这信息时代中不读书，不学习，脑子中只满足于那仅有的一点小聪明，我想，即使这个人天资聪明，很快也会被人们所抛弃，被社会所淘汰，被时代所遗弃。明朝的许仲琳说过："井底之蛙，所见不大，萤火之光，其亮不远。"不读书，不知道当今世界的发展形式，不知道国家的政事，岂不是"萤火之光，其亮不远"？

培根曾说："书籍是在时代的波涛中航行的思想之船，它小心翼翼把珍贵的货物送给一代又一代。"古代名人们的优良品德，如敬老爱幼、珍惜时间、不耻下问等，都被后人记载在书中。翻阅这些故事，领悟其中的道理，能应用，就将成为一个道德高尚的人。不管是中国还是外国，都出过不少名人，读一读这些名人的故事，他们的勤奋、刻苦多少也会对自己有所影响，能帮助我们成为一个更为完善的人。

"除了知识和学问之外，世上没有任何其他力量能在人的精神和心灵中，在人的思想想象见解和信仰中建立起统治和权威。"培根如是说。虽说读书的好处数不完，但再好，世上不爱读书的人还有很多。在我们身边就有不少这样的例子，他们自幼厌学，等到了工作年龄，却由于书读得很少，四处碰壁，找不到工作，这时后悔也来不及了。真是"书到用是方恨少，事非经过不知难"。

学识让人格和修养更完美

天然的才能好像天然的植物，需要学问来修剪。

——培根

人们常会见到一些无知村妇为了一点鸡毛蒜皮的小事就站在大街上捋袖叉腰、唾沫飞溅，她们情绪激昂，状如斗鸡，此情此景，人们谓之"泼妇骂街"，却很难看见一个精神正常的知识女性为一些小事与人争执不下，人们谓之"知书达理"。二者相较，当然是后者更具修养和人格魅力。这些都是学识在起作用。

久居鲍鱼之市的屠夫与饱读诗书的学者在修养上永远都不能画等号。在言谈举止和风格气质上永远有着巨大的差别。就像一个举止粗俗的村妇再浓妆艳抹、穿金缀玉也难与一个素面朝天、衣着朴素的高雅人士相媲美。因此，儒士比莽汉更值得赞叹，圣贤比俗人更值得瞻仰。

培根在《论人生》中这样写道："一个人格健全、修养良好的人，往往是一个精气内敛，不彰显才华的人，但他们却在不经意间给人亲和、坦率、睿智、得体的感觉，他们绝对不会不辨是非地跟人起哄、傻笑，更不会发出刺耳的大笑。因为，他们知道那样会让人觉得没有学识、修养，会让人觉得讨厌。"培根的话非常有实际意义。举一个例子，一个人因为初来乍到便忍不住东张西望，结果不小心踩了别人的脚，而当他急着向人道歉时，一转身又碰倒了别人的咖啡杯，于是便手忙脚乱起来。当他终于可以安静下来时，他端起一杯酒想喝个痛快，可由于喝得太急，他被呛得咳嗽起来，结果弄得身旁的人满身是酒。这些虽然只是一些慌乱的行为，却足以看出他的学识浅薄、修养不足，如若再加上搓手、抠鼻子，或是把玩手帕等坏习惯，更会让人觉得不快。

能以学识丰富自己的人，必定会在书卷的熏陶下注意规范自己的言行，增长自己的见闻，在与人交往的过程中，学习他人的优点，丰富自己的阅历，完美自己的人格。因此，他们无处不显示出良好的修养、完善的人格魅力，能够帮助和支持他们的人也就会随之增加。反之，只会失去身边人的支持。

18世纪晚期英国的辉格党领袖福克斯曾任英国外交大臣，在那个时代他无疑是一个伟大的人物，但他放荡不羁，经常赌博，酗酒成性，更无视社会道德规范，终未能赢得国人的信任和支持。

时刻注意增加自己的学识，让自己的修养和人格在不断的学习过程中日趋完善，无疑会提升自己的人生价值。即使在条件恶劣时，你依然可以赢得他人的青睐。

曾经有一位著名的演说家，在演讲时举起一张20美元的钞票，向到会的200多人发问："这是一张什么纸，它有什么价值呢？"

"它是一张20美元的钞票，根据其票面价，能够在国际和国内市场上兑换等值的货币。"其中一名与会者举手回答。

他将那张美元在手中揉捏，直至将其揉成一团皱巴巴的纸。他再次展开它，想把它弄平，但没有成功。他继续发问："你们还能承认它的价值吗？"

"是的！"与会者异口同声地回答。

"好吧，"他说，"看来我做得还不够！"他把钞票扔到地上，"我这样做，你们觉得如何呢？"他用鞋子使劲地搓那张钞票。之后，他把它捡起来。钞票已经弄得脏兮兮的，还破了相，在远处不容易辨认出来。

"现在，还有人愿意以它的票面价兑换它吗？"许多双手举在空中。一名与会者有点迟疑地回答："我认为这张钞票仍然保持着它的价值。"

"这张钞票仍然能买价值20美元的商品。"另一名与会者说。其他人于是也连声附和。

"朋友们，我们刚才上了一节很有意义的课。在你们之中的一些人看来，我能让这张20美元的钞票破损、破相，能把它弄得面目全非，甚至改变它的外貌。但是，不管这张纸受到什么样的折磨，你们仍承认它的流通性，因为你们心中已经肯定我的任何行为实际上都无法贬低它的价值。它仍然是价值20美元的一张货币。"

通过学习增加的学识，可以让一个人彰显他的人生价值，而这些价值就像这张被反复踩躏过的20美元的钞票一样始终不会贬值，而以学识作铺垫的修养和完美的人格会让一个人的人生更具魅力。当然，许多学识丰富的人也会存在修养和人格缺陷，但那部分人毕竟很少。因为，一个学识渊博的人更该知道不良的修养和人格对自己意味着什么样的后果。所以，增加学识是完善人格、提高修养的必由之路。

终生学习，永远进取

书籍是在时代的波涛中航行的思想之船，它小心翼翼地把珍贵的货物运送给一代又一代。

——培根

　　培根说："书籍是横渡时间大海的航船。"在他看来，书籍是生命中不可或缺的东西。我们可以用高尔基的这段话来解释其内涵："书籍是人类进步的阶梯。只可惜人生太短暂，以80岁计，仅有29200天，一个人一生无法体验所有的人生经验，唯有读书，从间接经验中了解人生，用前人的经验来充实自己，先学习前人，而后发展前人，最后才有自己的发现和创造。学习使人变得充实，学习可以改变人生。"

　　现代社会中，没有知识的人寸步难行，更不要说开创一番事业了。但知识不等于学历，有些人即便学历不高，但凭借独特的眼光和才能，也一样能获得成功。也就是说，要想获得成功，不仅要有知识，还需要把知识转化为能力。未来世界属于那些掌握了高新知识力的人。

　　当今社会，知识的更新日益加速。要是你没有每天学习，不断充电，那么你很快将被快速发展的社会毫不留情地淘汰掉。因此，无论何时何地，每一个现代人都不能忘记学习，而且可以肯定地说，只有那些随时充实自己、为自己奠定雄厚知识储备的人，才能在竞争激烈的环境中出类拔萃、笑傲江湖。

　　这是美国东部一所著名高校毕业考试的最后一天。在一座教学楼前的阶梯上，坐着一群机械系大四的学生，他们显然很有信心。这是最后一天的最后一场考试，接下来就是毕业典礼和找工作了。

有些人说他们已经找到工作，其他人则在讨论他们想得到的工作。怀着对四年大学教育的肯定，他们觉得自己心理上早做好准备，能征服外面的世界。

对于即将进行的考试他们觉得只是轻而易举的事情。教授说他们可以带上需要的教科书、参考书和笔记，只要求他们考试时不能交头接耳。

他们喜气洋洋地走进教室。教授把考卷发下去，大家都眉开眼笑，因为他们注意到只有5道论述题。

3个小时过去了，教授开始收集考卷。学生们的信心似乎不见了，他们脸上出现沮丧可怕的表情。没有一个人说话，教授手里拿着考卷，面对着全班同学。教授扫视着学生们担忧的面孔，问道：

"有几个人把5道问题全答完了？"

没有人举手。

"有几个人答完了4道题？"

仍旧没有人举手。

"3道？2道？"

学生们在座位上不安起来。

"那么1道题呢？一定有人做完1道题吧？"

全班学生仍保持沉默。

教授放下手中的考卷说："这正是我预期的结果。我只是想告诉你们：即使你们已完成四年工程教育，但仍旧有许多有关工程的问题是你们不知道的，这些你们不能回答的问题在日常操作中是非常普遍的。"

教授带着微笑继续说道："这个科目你们都会及格，但要记住，虽然你们是大学毕业生，但你们的教育才刚刚开始。"

我们要注意，学习永远都没有毕业的一天。是的，"活到老，学到老。"只有不断地学习、实践，不断地充实自己，我们才不会被社会淘汰。

培根曾经说过："在剧变时代，善于学习的人将继承未来。有学问的人将会发现他们为生存其中而进行了准备的世界已经不存在了。"

我们会发现，那些高校毕业生，用了十几年甚至长达二十年的时间从书本中学习知识，可到了社会上，他们依然可能失败。因为日月在更替，世界在变化，知识在更新，书本上的东西已经不能满足现实的需要，如果想要适应社会的发展，就必须善于学习，去学习新的知识。

善于学习，就是从错误中，从正确中，从失败中，从胜利中，从对手那里，从朋友那里，从每一件事情中随时随地学习、总结、思考，把知识融进我们的头脑。在科技高速发展的今天，我们要善于学习，并要在学习中创新，没有创新，只用老一套方法去工作已经不被社会所接受。只有善于学习，善于创新，勇于创新，才能立足于时代。

但是有许多人从学校毕业后就几乎停止了学习，这样就不可能有什么进步了。而一个时常注意身边的事物，处处在意，时时学习，把社会当成自己永不毕业的学校，这样的人迟早会进步神速、成绩斐然的。

"在自然界中，树木要生长出绿叶，开花、结果，必须充分吸收大自然中的阳光、空气和水。一旦供给停止，生长也会停止；吸收的能量越多，生长的速度就越快。同样地，我们不从社会中学习，把社会交给我们的东西吸收并把它转化成能力，我们自己就会变得越来越虚弱；越来越无能，眼睁睁地看着时代的车轮绝尘而去。"这是《培根随笔》中的一段话，由此可见，如果我们不再学习，不再进取，我们的能力就会退化，甚至随着时光流逝而飘散。能力不会永远留在我们身上，它也有生命周期，如果我们什么都不做，它就会从我们身上慢慢消失。在此，自我提高的工具就是学习，而学习就在我们手上，让我们从现在开始就来使用它吧！

学习可以缩小与他人的差距

读书补天然之不足，经验又补读书之不足。

——培根

　　培根在《论高位》中有这样一段话："所有的动物都会在还是幼雏的时候学习生存的本领，他们会在最短的时间内长成一个可以独立存活的个体，与所有长成的个体一样，可以在自然界争得自己的一席之地，为自己的生活建立保障。"我们也是如此，在不断的成长过程中，学习伴随始终，具有很好的学习力的人会在最短的时间内学到自己需要的知识并迅速运用这些知识，做自己想做的事，成为自己想成为的人，而学习力相对没有那么好的人则可能会在追逐的过程中丧失很多优势，也就不可能做好自己想做的事，成不了想成为的人。这是说，学习力是助你成长的动力，也是缩小你与他人差距的动力。

　　我们看重大学教育并不是因为它能够给我们镀多少金，而是因为接受过大学教育的人更具有比较完备而清晰的学习力，更容易在尽可能短的时间内做好自己应该做的事。所以，一个大学生在自己的岗位上工作两个星期就可以抵得上一个高中生在岗位上工作四年的水平就不足为奇了。当然，随着时间的推移，这样的价值差距可能会越来越大。这足以说明，学习力是一种最具价值的力量。提高了学习力，你的价值就可能在最短的时间内体现出来。

20世纪70年代，英国的威里克公司是一家闻名世界的机械制造公司，该公司的机械产品一问世就会迅速占领全球的机械市场，他们的产品也代表着当时机械行业最高水准。

成为该公司的一名员工，是许多初入职场的人的最大追求，因为进入威里克公司就意味着拥有令人垂涎的薪水和令人自豪的声誉。但是，要想进入这样一家公司，竞争自然十分激烈。该公司的高级技术人员和各种技术人才数不胜数，高学历者更是比比皆是。

洛克是一名出自剑桥大学机械制造业专业的高材生。在应聘该公司的职位时，和许多应聘者一样，他在招聘会的第一轮面试上就被刷了下来。但是，洛克并没有服输，反而下决心一定要进入威里克重型机械制造公司。

于是，他先找到公司人力资源管理部，主动提出不要任何薪水和其他劳动报酬，对工作性质也没有任何要求，唯一的要求就是公司能给他一个工作的机会。对于这样的请求，该公司的招聘人员当然不会再拒之门外，于是分配给了他一份去机械制造车间清理废铁屑的工作。

洛克每天毫无怨言地重复这种勤杂工的工作，为了生计，他每天下班以后还要去打工挣钱，就这样一年过去了。尽管他做了一年无偿的劳动，可是还是没有被公司正式录用。

不久，威里克公司的产品质量出现了问题，无数订单纷纷被取消，公司面临了前所未有的困境。为了挽救损失，公司管理层立即召开了一次商议对策的大会，可是会议上没有一个人能提出很好的建议，就在所有人一筹莫展的时候，洛克推开了会议室的大门，说自己有办法。

洛克对产品为什么会出现质量问题做出了合理的解释，并且就工程技术上的问题提出了自己的建议，还拿出了改进的设计图纸和方案。在他的这套方案里，不仅保留了原来设计的优点，而且消除了产品可能出现的隐患。

公司的总裁和总设计师被这个毫不起眼的无名小卒给惊住了，当即向人事部的人员问清了情况，最后公司决定任命洛克为公司负责产品生产的技术总监，薪水高得让很多人眼红。

原来，洛克在这一年的工作中，利用打扫每一间车间的便利，细心察看了整个公司各部门的生产细节，并一一做了详细记录，获得了大量的统计数据，通过分析，他对公司产品的改良早就胸有成竹，这才使得当公司的产品质量出现问题的时候，他能很快设计出一套可行的产品改良方案，从而让自己得到了公司的认可和重用。

学习可以成就一个人的竞争力，学习可以快速缩小你与他人的差距，让自己成长得更强大。一个人也会因为不断地学习超越自己，获得很好的人生机遇。

如今，学习已经成为一种不可忽视的需要，知识经济的增长带动的整个世界的变化，是知识的快速更新和整个人类步伐的加快。在这样的社会里，我们被迫疲于奔命，却总会在某一个时刻发现自己已经不能适应这个社会的高速运转。时间在流转，我们在一天天变老，世界却在一天天更新，我们与世界的差距在不知不觉间扩大，于是，我们知道自己的生活需要知识的填充，需要知识的完善和积累。所以，学习是人们必须要做的事情。

第三章

培根谈与人相处：有朋友的世界不寂寞

虚伪的友谊有如你的影子：当你处在阳光下时，它会紧紧地跟着你，但你一旦走到阴暗处时，它立刻就会离开你。

成功需要一张完美的"人脉网"

> 只要你想想一个人一生中有多少事务是不能仅靠
> 自己去做的，就可以知道友谊有多少益处了。
>
> ——培根

英国有一句著名谚语："不懂得与人交往者，必不能成功。"这句话蕴含着一个与中国古语"得道者多助，失道者寡助"相同的深刻道理：每一个人都要学会了解他的同类并与之和睦相处。成功需要一张完美的"人脉网"。

伯利伯爵是培根兄弟的姨夫，他们出名之前曾希望能得到这位姨夫的帮助，但在多次求助没有成功之后，他们决定去投靠能够赏识他才能的其他朝廷重臣。培根兄弟放眼朝廷，最后选中了艾塞克斯伯爵。此时的艾塞克斯伯爵正炙手可热，他本是女王宠臣莱斯特伯爵的继子，毕业于剑桥大学，曾随莱斯特伯爵远征尼德兰，立有战功。不满20岁的艾塞克斯伯爵俊美有风度，作战勇敢又能写优美的文章，年过五旬的女王热烈地垂爱于他。女王的宠爱使年轻的伯爵青云直上，先任舰队司令、枢密院顾问，继而任掌礼大臣、爱尔兰总督，成为朝廷中唯一能与伯利伯爵分庭抗礼的人物。

艾塞克斯伯爵小培根5岁，从他们第一次见面，伯爵就被培根的智力光彩所吸引，与培根结下了深厚的友谊。有了培根兄弟的帮忙，伯爵在朝廷中的势力进一步得到扩张，他们帮他调查研究，出谋划策，使他在与塞西尔父子争夺权势的斗争中逐渐占了上风。

伯爵探知培根求官不得的苦恼，决心帮助培根，他屡次为培根向女王请求官职。第一次是请求总检察长一职，尽管伯爵向女王力争，但总检察长一职最终还是被塞西尔父子推荐的爱德华·科克爵士所得；第二次是在总检察长人选确定后，伯爵继而为培根求取副检察长一职，在经过长达两年半的不懈努力之后，副检察长一职还是落在了别人头上。为此，伯爵感到很对不住培根，便决计把自己的一份地产送给培根。培根接受下来，变卖得款1800英镑。有了伯爵的帮忙，培根逐渐进入仕途，最终获得了检察总长的职位。

"只要你想想一个人一生中有多少事务是不能仅靠自己去做的，就可以知道友谊有多少益处了。"培根告诉我们：要想获得成功，人脉资源是不可少的。

事实上，你的"人脉网"远比你意识到的要广大得多。你实际拥有的网络延伸到了每天都有联系的人之外，这些人包括你与之共同工作和曾经一同工作过的人们，以前的同学和校友、朋友，你整个大家庭的成员、你遇到过的孩子的父母、你参加研讨会或其他会议时遇到的人，这些人都会是你的网络成员。你的网络成员还包括那些你在网络中认识的人，以及与他们有联系的人。

1967年，哈佛大学的心理学教授斯坦利·米尔格拉姆创立了六度分离理论，简单地说就是："你和任何一个陌生人之间所间隔的人不会超过六个，也就是说，最多通过六个人你就能够认识任何一个陌生人。"按照六度分离理论，每个个体的社交圈都不断放大，最后成为一个大型网络。

但在生活当中，人们一提到"关系网"就带有某种偏见，这无疑是片面的。关系网本身没有错，它是中性的，关键看它是怎样建立起来，怎样运用的。如果建立关系网，不违背一定的道德标准，运用关系网也没有超出法律制度的规定，那么，这样的关系网何罪之有呢？在我国，建立健康的、符合社会道德标准和法律制度的关系网，对社会有利，对国家有利，对单位有利，对个人的成功更是不可或缺的。

当然，关系网既然称为"网"，就应当具有网的特点。也就是说，在这张网上朋友的构成要有点有面，分布均匀。有的人交友却不是这样，他们结交的范围十分狭窄，分布十分不均。只在自己熟悉的范围内与人结交，而这些人的行业和特长比较单一。这样就构不成一张标准的关系网了。当然，不同的行业和不同的爱好会对交友形成较大的影响。如果你是一名学者，你结交的学者朋友就是你的各种关系中最集中的人群；如果你是干部，你周围的许多朋友大多数也是干部；其他各行各业都可以依此类推。这就是我们在编织关系网的时候常常遇到的局限，这种局限关系到关系网的"使用价值"和其他质量。假如你是一名干部，你有没有必要提高自己的理论水平？回答必然是肯定的。那么，你有没有必要结交理论界的朋友？回答也必然是肯定的。那么，理论界朋友的帮助就是必不可少的，否则，就会遇到很多仅靠自己的力量很难克服的困难。

　　从上面这个例子可以看出，经营人脉也是一门大学问。在生活当中，纵观那些成功人士，无一不是建立了一个能在各个领域有力支持他们的系统。当然，这种关系不是凭空建立起来的，它需要投入多年的时间和精力才能发展起来。他们与同事和生意伙伴一起打高尔夫球，参加社区的筹资活动，加入乡村俱乐部和一些商业组织，所有这些投入都是为建立他们自己的网络在做准备。

密友是自己缓解伤痛的药

除了一个知心挚友以外，没有任何一种药物可以
治疗心病。

——培根

培根说："友谊的一大奇特作用是：如果你把快乐告诉
一个朋友，你将得到两个快乐；而如果你把忧愁向一个朋友
倾吐，你将被分掉一半忧愁。所以友谊对于人生，真像炼
金术所要找的那种'点金石'。它能使黄金加倍，又能使
黑铁成金。"没有知心朋友的人们，是个吃自己和自己心的食
人鬼。

在培根看来，世间最美好的事，莫过于有亲如兄弟姐妹的
好友，这种朋友，有一个温暖的名字，叫作"密友"。若说朋
友是一个人生命中的一笔财富，那么知己就是创可贴。我们知
道拥有这笔财富能使生活过得更滋润，但没有也能活。而生活
中，我们难免会有磕磕碰碰的时候，创可贴则成了生活中的必
备品，它随时可以帮你缓解伤痛。所以，在我们的一生中一定
要随时预备几张"创可贴"。

瑾的朋友极少，只有彦一个。彦曾笑瑾太懒，懒得连朋友
都不多交几个。

"朋友这东西又费神又费时，有一个就行了，再说女人之

间能互不相厌的本来就少，我就不奢求了，你算是我又老又少的朋友。"瑾说。

那时，她们经常找借口混在一起，不经意间就浪费掉一个下午，吃东西、美容、逛街、发呆，天黑前像完成任务一样，心满意足地各自回家。她们极少打电话，如果打，一定是遇到大问题了。

一次彦半夜打电话给瑾，说在大马路上坐着呢，问瑾想不想去看看她。瑾去了，在一家医院门口，彦抱着瑾说："有个女孩为了我男朋友自杀，现在正在抢救……他在医院里面，让我在外边等他。"彦把事情说完了，就好受了不少。瑾拍拍她，说别怕，我陪你等，然后取出一包纸巾："别哭了。女人哭起来一点也不好看，梨花带雨是骗人的。看，你把星星都给哭没了，吓倒了花花草草也不好。再说，我这套衣服很贵啦，沾满了你的鼻涕眼泪估计没法穿了。"彦赖在瑾的胳膊上不肯抬头。后来说起这事瑾就让彦赔衣服。

瑾也半夜打电话骚扰过彦。那时她陷入情感的困境，无人知晓，连彦也不知道。一个伤心的人，在失眠的夜里很容易生出绝望的念头。瑾一个人坐着，哭都哭不出来，她想如果不给自己一个出口，自己会疯掉的，于是打电话给彦。听到彦声音的一刹那，瑾泪如泉涌，说不出话。彦在电话那端听着瑾哭，等瑾渐渐平息下来，然后问："要我过去吗？"瑾说："不要。""那我明天去看你。"放下电话，瑾觉得自己虚弱至极，连伤心的力气也没有，还好，这个世界上还有肯倾听自己哭泣的人。

风暴只是暂时的，在大多数风平浪静的日子里，她们依然一起逛街、一起美容、一起发呆，消磨一个又一个周末的下午。

有时会聊起友谊的话题。"我不信有什么永恒的情感，不是对世界灰心，而是自己就没信心做到。时间啊，空间啊，人啊，都是会变的。"瑾说。彦晃着手里的可乐杯，白了瑾一眼："重色轻友？我也会啊。我们俩都是女的，互相看着顺眼，顶多算狐朋，没想过天长地久。"

她们一致认为，对女人来说，女性朋友没有男朋友重要。女性朋友是创可贴，缓解一下伤情，暂时起点作用还成，解决不了大问题。男朋友才是解药，所以一定要重色轻友，不能稀里糊涂把感情资源浪费了。不过女朋友需要常预备着，以免想用的时候找不到。

有一种密友，来自童年或读书时代的同学、邻居，因为知彼知己，知根知底。他们是你的知音，有时，甚至比你更了解你自己。这样的密友，是你一生的影子，你走得再远，她还跟在你的身后。而另外一种是在你成长的过程中，或在你为事业拼搏的过程中，因为偶然的原因相识相知的。我们对友谊的渴望与需要常常也如爱情一样，是可遇不可求的。

在《论友谊》中，培根这样说道："友谊的主要效用之一就在使人心中的愤懑抑郁之气得以宣泄释放，这些不平之气是各种情感引起的。闭塞之症于人的身体最为凶险，这是我们知道的；在人的精神方面亦复如此。你可以服撒尔沙以通肝，服钢以通脾，服硫华以通肺，服海狸胶以通脑，然而除了一个真心的朋友之外没有一样药剂是可以通心的。对一个真心的朋友，你可以传达你的忧愁、欢悦、恐惧、希望、疑忌、谏净，以及任何压在你心上的事情，有如教堂以外的忏悔一样。"可见，有了那种亲密无间的朋友，在你受到委屈、误解、伤心时，她会耐心地倾听你的苦恼，给你以安慰。在你遇到困难、经受痛苦、需要帮助时，她会无私地伸出双手，给你以帮助。对于这样的朋友除了珍惜还是需要珍惜。

而要想拥有永远能保持良好相处的密友，需有良好的品性修养，自私、小气、不喜欢成人之美、不喜欢闻人之誉的人，不可能长久地拥有好朋友。要想永远获得好朋友，就应该学习用正当的方法去赢得一个人的心。你希望别人对你怎样，你就应该怎样去对待别人。

朋友可以给你世间最好的建议

> 我们再一谈那个显而易见、流俗之人也可以注意
> 到的那一点，就是朋友的忠言。
>
> ——培根

培根在《论友谊》中这样写道："现在，为充分说明友谊的这第二种功用起见，我们再一谈那个显而易见、流俗之人也可以注意到的那一点，就是朋友的忠言。赫拉克里塔斯在他的隐语之一中说得很好，'干光永远最佳'。一个人从另一个人的诤言中所得来的光明比从他自己的理解力、判断力中所得出的光明更干净纯粹，这是无疑的：一个人从自己的理解力与判断力中得来的那种光明总不免受自己的感情和习惯的浸润影响。因此，在朋友所给的诤言与自己所作的主张之间其差别有如良友的诤言与谄佞的建议一样。"俗话说当局者迷，旁观者清。整天忙碌于自己的事业，你的眼光可能受到一定的局限，而朋友可以从旁观的角度看到你所忽视或无法看到的问题。所以，你身边如果有一个帮你出谋划策的朋友，对你的事业将有很大的帮助。

石油巨子洛克菲勒在自己石油事业的发展过程中，清醒地意识到其中的弊病，潜意识地想寻找一个对症下药的方法。他

由一个偶然的机遇，与年轻的律师多德成为好朋友，并在对方的策划下，有效地克服了石油事业发展中的弊病。

约翰·洛克菲勒中学毕业后，便决定放弃升大学，到商界谋生。闯荡了一些年，他在事业上有些成就，26岁时，他迅速扩充了他的炼油设备，日产油量增至500桶，年销售额也超出了百万美元。他的公司成了克利夫兰最大的一家炼油公司。

当时的石油业，生产过剩，质量较差，价格混乱，激烈的角逐已现端倪，洛克菲勒的公司像汪洋大海中的一叶小舟，随时都有沉没的危险。高瞻远瞩的洛克菲勒意识到，必须把自己的企业扩大，船大才能抵御惊涛骇浪的冲击。他果断地说服自己的弟弟威廉参加进来，建立了第二家炼油公司，并派他去纽约经营石油进出口贸易，尽快打开欧洲市场。威廉临去纽约前，兄弟俩促膝谈心，踌躇满志地立下了誓言："我们要扩张、再扩张。资金越多，我们发展的本钱也越丰厚，我们要独霸世界石油业！"

随着洛克菲勒的石油帝国的发展，因本身庞大而导致的难以控制的风险性也越来越大。洛克菲勒清醒地看到这一弊病并引起重视。正在这时，洛克菲勒在一本公开发行的刊物上发现一篇文章，里面写道："小生意人时代结束，大企业时代来临。"他感到这与自己的垄断思想不谋而合，便主动结交文章的作者多德，两人相同的看法使双方成为好朋友。

多德是个年轻的律师，他与洛克菲勒成为朋友后，积极为洛克菲勒的公司填补法律上的漏洞。一天，他在仔细研读《英国法》中的信托制度时，突然产生灵感，提出了"托拉斯"这个垄断组织的概念。所谓"托拉斯"，是生产同类产品的多家企业不再各自为政，而以高度联合的形式组成一个综合性企业集团。这种形式比起最初的"卡特尔"，即那种各自独立的企业为了掌握市场而在生产和销售方面结成联合战线的方式，其垄断性要强得多。

在多德的"托拉斯"理论的指导下，洛克菲勒召开"标准石油公司"的股东大会，组成9人的"受托委员会"，掌管所有标准石油公司的股票和附属公司的股票。受托委员会发行了70万张信托书，仅洛克菲勒等4人就拥有46万多张，占总数的2/3。如此，洛克菲勒如愿以偿地创建了一个史无前例的联合事业——托拉斯。在这个托拉斯结构下，洛克菲勒合并了40多家厂商，垄断了美国80%的炼油工业和90%的油管生意。

托拉斯迅速在全美各地、各行业蔓延开来，在很短时间内，这种垄断组织形式就占了美国经济的90%。很显然，洛克菲勒成功地造就了美国历史上一个独特的时代——垄断时代。

多德的一个理论为洛克菲勒开创了一个史无前例的大局面，由此可见，拥有一个时刻给自己提建议的朋友，是何等的可贵。如果你身边有对你所从事的行业感兴趣并头脑灵活的朋友，不妨抽出一点时间与对方聊聊。也许，一个改变你命运的策划就由此而生。培根说"建议共有两种：一是关于行为的，一是关于事业的。说到第一种，最能保人心神之健康的预防药就是朋友的忠言规谏。一个人的严厉自责是一种有时过于猛烈、蚀力过强的药品，而在别人身上观察自己的错误有时也会与自己的情形不符。最好的最有效并且最易服用的药方就是朋友的劝谏。许多人尤其是伟大的人们因为没有朋友向他们进忠告的缘故，做出很多重大错事，以致他们的名声和境遇均大受损失。这些人是，有如圣雅各所说，'有时看看镜子，而不久就会忘了自己的形貌的'。讲到事业方面，一个人也许以为两只眼所见的并不多于一只眼所见的；或者以为局中人之所见总较旁观者之所见为多；或者以为一个在发怒中的人和一个默数过二十四个字母的人一般聪明。他可以有许多类似的愚蠢骄傲的妄想，以为凭自己一个人就足够了。然而能使事业趋于正轨者还数忠言。"这里，培根告诉我们如何对待和给予朋友的建议。其实，并不是所有的建议，在任何时间、任何地点都适合拿来公开谈论，直言不讳。须懂得掌握说话、做事的分寸。说话时的动作，表情，举手投足都要有分寸——这也是非常重要的。

　　因为，朋友不仅仅是你受伤时的"创可贴"，还能成为事业的帮手，时刻为你保驾护航。

增强你的沟通力，你才会有人缘

> 我们的语言，不妨直爽，但不可粗暴骄傲；有时
> 也应当说几句婉转的话，但切忌虚伪轻浮与油滑。
>
> ——培根

这是一个讲究人际沟通的时代，这是一个靠口才赢得人际关系的时代。在当今社会中，事业的成功离不开口才，人际关系的兴旺同样需要好口才。人与人之间进行思想交流和感情交流，最直接、最方便的途径就是语言。

有一次，叶小姐和几个同事一起去参加省里的业务考试。当她走进考场时，只见有三个大钉子分布成三角形排列在桌面上，并冒出很高，一不小心就会刮衣服，同时也会影响答题的速度。

叶小姐一脸怒气地要求监考老师换张桌子，可监考老师说："现在不能换，别违反考场纪律！"叶小姐气得柳眉倒竖，连说："真倒霉，不考了。"这时一位同事见了忙打圆场

说："有几个钉子算什么！"叶小姐说："你说得轻松，这可是三个钉子，躲都躲不过去呢！"这位同事说："你太幸运了，我还求之不得呢！"叶小姐说："你别拿我开心了，这么倒霉的事要让你碰上，你还能说幸运？"这位同事说："你知道这三颗钉子说明了什么吗？这叫板上钉钉！说明你今天的三科考试铁定了都能过关。"叶小姐听后，马上转怒为喜："借你的吉言，我今天要是三科都及格了请你去吃麦当劳。"

结果一个月后公布成绩，叶小姐果然三科都顺利过关。

这位同事真是个会说话的人，他巧妙地把人们常说的"板上钉钉"与三科考试联系在一起，不仅平息了叶小姐的怒气，还给了她积极的联想，使她在愉快的心境下参加考试并顺利通过。试想一下，如果你是叶小姐，你会不喜欢这位同事？这样会说话、会用巧妙的语言宽慰、鼓励他人的人，不论走到哪里都会受到他人的欢迎。

培根在《论友谊》中写道："出色的语言表达，可以使陌生的人产生好感、发展友谊，使相互熟知的人感情更深；可以使有分歧的人相互理解、化解矛盾；也可以使相互仇视的人化干戈为玉帛。"

艾塞克斯伯爵和赛斯伯爵平时意见不太一致。这天参加女王的宴会，两个人都在座。酒过三巡，大家都有些醉意。忽然，一位客人不知怎么谈到了特威德河有多宽的问题。赛斯伯爵说有五英里宽，他的话音未落，艾塞克斯伯爵就说道："不对！我记得是七英里宽。"

两人顿时争执起来，互不相让，无论其他人怎么劝说也无济于事。大家一下子都不知道说什么好，只好任由他俩争执。

看见他俩在席间争执不休，培根急中生智，徐徐举起手来，说道："特威德河水涨，则宽七英里。水落，则五英里宽。艾塞克斯伯爵是就水涨时说的，赛斯伯爵则是就水落时说的，两位均没有错。"

艾塞克斯伯爵和赛斯伯爵听到此话，顿时哈哈大笑起来，席间很快恢复了原有的轻松气氛。在座的客人也为培根片语解围的机敏而折服。

就这样，培根用妙语巧打了圆场。在人际交往中，这种能说会道的"和事佬"，能不受欢迎、能没有好人缘吗？

我们每一个人都想成为受欢迎的人，没有一个人认为受人讨厌是光荣的。我们知道，假若一个人爱揭人隐私，爱争辩，爱使他人为难，爱自吹自擂，那么他很可能得不到别人的欢迎和喜爱。只要他一出场，人们就会躲得远远的，把他孤立起来。

我们在与他人说话时，要始终保持一种好的心情，便不难赢得他人对你的好感。反之，以自命不凡的态度，说话装模作样、装腔作势，将会失去许多朋友。

世界上没有十全十美的人，但随便说及他人的短处，或揭露他人的隐私，不仅有损于他人的声望，也足以表明你为人卑鄙，自然会被人拒之门外。假若你想成为受欢迎的人，千万不要这样做。要是有人跟你谈及他人的短处，你唯一的办法就是一听了之，不要深信片面之词，更不可作传声筒。

日常很多无谓的事情，往往会引起争辩，然而这种争辩很容易使个人的形象受损。我们知道要用争辩压倒对方是不可能的，即使对方暂时表示屈服了，但肯定不是心悦诚服。好争辩的人，会损害他人的自尊心，因而使他人对你产生反感情绪；好争辩的人，还容易习惯性地挑他人的缺点与不足，而忽视自身的修养，更会变得骄傲自大、自以为是，进而失去许多朋友。因此，说话时要注意维护他人的自尊心，这才会使你变成受欢迎的人。

另外，人们总喜欢谈论自己的事，在他人面前夸耀自己，实际上这是很愚蠢的行为。它不仅不能引起他人的同感，还会令人觉得十分好笑。因此，你若想成为一个受欢迎的人，千万不要随便说及自己，更不可夸耀自己。你应当明白，个人的事业、行为在他人看来是清清楚楚的，没有必要自己说出来。忘记你自己，而尽量引导他人多说他自己的事，并认真地去倾听，你一定会给对方留下很好的印象，成为一个最受欢迎的人。

友谊是人生中不可缺少的

友谊不但能使人生走出暴风骤雨的感情而走向阳
光明媚的晴空，而且能使人摆脱黑暗混乱的胡思乱想
而走入光明与理性的思考。

——培根

在《论友谊》中，培根说："缺乏真正的朋友乃是最纯粹
最可怜的孤独；没有友谊，这个世界不过是一片旷野。我们还
可以用这个意义来论'孤独'说，凡天性不配交友的人其性情
可说是来自禽兽而不是来自人类。"培根的这段话并非矫情，
尽管在处理艾塞克斯伯爵叛乱的问题上，他被人指责为不够朋
友，但培根并非没有真正的朋友。他与陶贝·马修的友谊便是
一例。他们二人交谊甚厚，虽然都曾分别荣辱沉浮，但友谊始
终不受影响。在培根看来，朋友的效用有三条，一是可以使人
的愤懑抑郁之气得以宣泄释放，有益身心；二是可养护理智，
启发思想；三是可以互相帮助。我们可以看到，人与人之间的
友情，并非不值一钱的工具，也并非转瞬即逝的过程。友谊跟
人的成长、成功有着莫大的关联。

古代的智者曾说：滥交朋友的，自取败坏。

但即使是最好、最真的朋友，也可能受制于人性的软弱而

让彼此失望。每个人都有自己的盲点，一旦我们过度期望他人在我们所关心的事物上投注情感时，我们就有可能会受伤。追寻友谊的过程，或许会令你气馁，甚至大失所望，但别忘了，你或许也会在不知不觉中让别人气馁，甚至绝望。

我们往往对别人抱着不切实际的期望，同样的，别人也会对我们期望太多、太高。试着接受友谊中存有风险的事实吧，别忘了，凡事必有风险。

有些友谊虽只能维持几年，但温馨却不会消失；有些朋友可能已经从待寄圣诞卡的名单中消失，但只要一提起他们的名字，总会唤起各种多彩多姿的回忆；有些友谊建立在共同兴趣上，"他是我的钓鱼伙伴""我们是高尔夫球友"，跟这些朋友的友谊或许不够深切，但这些朋友却会一直在我们生命中来来往往。虽然表面上友谊平凡淡薄，然而因为互相信任，它的确在我们的生命中占据了很重要的地位。

据说所罗门王曾有感于他的父亲戴维和乔纳单之间的友谊，留下了"比弟兄更亲密的朋友"这句箴言。

戴维原本是个淳朴的牧童，被带进扫罗的皇宫，引起扫罗疯狂的忌妒，一再地要杀死他。当时只有一个人敢公然捍卫戴维，那就是扫罗的儿子乔纳单。尽管乔纳单知道戴维有朝一日会夺走原本应由他继承的王位，但他却牺牲梦想，冒生命危险救助戴维，只因为他是戴维的朋友。

戴维和乔纳单的故事，显示出友谊关系的难以理解。表面上看来，这两个年轻人几乎没有共同点：戴维家住伯利恒外的山区，世代都是牧羊人，而乔纳单则在皇宫里成长，享受皇室的一切利益，他们哪有什么共同点？对友谊很有研究的山姆·强森曾说："不平等的双方很难维持友谊，除非他们各有令对方仰慕之处。"

友谊能超越年龄和阶层的限制，我们见到过很多经济条件截然不同的人建立起坚固友谊的例子，不管银行的存款差距多远，他们相互珍惜彼此的人格特质及承诺。

我们需要借着与不同类型人的交往，来获得鼓舞并拓展生活领域，我们也应该对那些看来似乎与我们没有交集的人付出友谊。如果把友谊局限在那些教育程度、生活形态或外形等条件和我们相似的人身上，我们就限制了友谊这位老师对我们的教导效果了。

世俗社会告诉我们要着眼于事件所带来的好处，然而友谊教导我们：生命的意义远超过这种自我中心的算计。我们一向坚持友谊是伟大的教师，以各种方式使我们得到益处，但它并不是一种可以利用的工具，正如这句名言所说："唯一行得通的自私方法，就是不自私。"友谊也是如此。什么时候我们把它功利化，什么时候它就结束了。

友谊的存在既不用理由，也无须付费，即使没有任何回报，仍不减其价值，而我们能成为朋友，只是单纯地认为与人为善是对的。

人类文明的发展史上，留下了无数赞颂友谊、珍惜友谊的名篇佳话。

早在公元前3世纪，古希腊哲学家伊壁鸠鲁就曾说过："在智慧提供给整个人生的一切幸福之中，以获得友谊为最重要。"一个人生活在世界上，如果没有朋友，没有友谊，像不合群的狐狸那样独往独来，那他就不是在"生活"，而仅仅是活着，根本不会有幸福可言。

没有人与人的交往，没有友谊的世界，只是死寂的荒野的世界。人类在其自身的不断发展中对于友谊的重视和珍惜，特别是劳动人民之间的那种舍己为友、患难与共的高尚情操，是一份宝贵的精神遗产，是完全值得我们今天继承并发扬光大的。

友谊并不是"无花果"，不是凭空地自然生长出来的。凡是能够经得起生活的波折考验，做到贫贱相扶、患难与共的友谊，都有它坚实的牢不可破的基础，这就是共同的理想和奋斗目标。这种建立在共同的理想和事业基础上的友谊，是人们在长期的工作和生活中，互相帮助和支持而逐步培植起来的感情，它有时比天然的亲属之情显得更珍贵，比缠绵甜蜜的情侣之间的恋情和诚实笃厚的夫妻之间的爱情，有着更宽广、更严肃、更丰富的内涵。18世纪的英格兰诗人罗伯特·布拉亥曾把这种友谊称为"心灵的神秘的结合者""生活的美化者"和"社会的巩固者"。我国唐代诗人李白在《扶风豪士歌》中写道："扶风豪士天下奇，意气相倾山可移。"称赞"意气相倾"的友谊的力量足可移山填海。

但如果没有坚实的思想基础，不仅友谊本身会变得不可靠，最后还可能为"友谊"所累。中国近代史上两位著名的学者王国维和罗振玉就因学术上的分歧跟种种误会，从密友变成互不往来的"仇人"。王国维年轻时参加农学社认识了罗振玉，罗振玉见王国维才气不凡、家境贫寒，就在经济上常常接济王国维。两人因此结为朋友、亲家。但后来两人思想上的分歧越来越大，误会也越来越深，友谊也最终宣告破裂。

在《论人生》中培根这样定义友谊："真正的友谊永远都只属于心灵的范畴，它会渗透到你的灵魂深处，影响你一生的成长。"这也告诉我们，在有限的生命中，在人际交往中，摒弃功利的薄情，多说些公道话，多做些利人的事，注入真情，注入爱心，生命的底蕴就会在这些助人的交往之中，引领我们到达一种新的人生体验。

呵护友谊，好朋友不难有

> 我们都是宇宙中孤独的孩子，在寻找着自己的伙伴。
>
> ——培根

"没有友谊，则世上不过是一片荒野。"培根非常注重友谊在人生中的重要性。"假如一个人独自进入宇宙，看到了宇宙中光怪陆离的神奇现象，看到了群星的灿烂光辉，但是他并不会因此而感到快乐，他必须找到一个人向他描述自己看到的奇观，唯有如此，他才能获得快乐。"在培根看来，很多人的内心深处隐约闪现着这样的想法："我总是能找到朋友的"。但很少有人知道，友谊，是一个可爱而又挑剔的孩子，如果你怠慢了他，他很快就会从你的身边溜走。

友谊是需要呵护的。

丽莎是一个活泼开朗的女孩，她总是能用自己的幽默逗得周围的人哈哈大笑，即使对于不熟悉的人也能保持热情，因此，大家觉得丽莎是一个不错的交友对象。然而，丽莎身边的人却发现这样一个现象：尽管丽莎活泼开朗、平易近人，但是丽莎并没有一个知心的朋友。

丽莎并不是没有朋友，她只是不懂得如何维持友谊，所以她的朋友总是一个个离她而去。原来，丽莎有一个致命的缺点，就是自私自利、表里不一。她的一个朋友气愤地说，丽莎居然曾经瞒着她跟她的男朋友偷偷约会；另一个朋友则说，丽莎看起来乐于助人，其实事到临头，她总是首先考虑自己的利益；还有人说，丽莎总是喜欢背后说人坏话，这样的人怎么能做朋友呢？

就这样，丽莎总是不断失去自己的朋友。

毋庸置疑，丽莎的性格适于结交朋友，她也曾经拥有很多朋友，可是她并没有将友谊放在心头，而是将自己放在了心上。她还没有领悟到，当我们拥有朋友的时候，我们还要懂得如何呵护。

平凡普通的友谊很脆弱，需要细心呵护，即便是基于共同信念的友谊，也不是牢不可破的，任何轻视友谊的行为都会对友谊造成伤害。

1863年1月，恩格斯的妻子玛丽逝世。因为妻子的离去，恩格斯的内心充满了无法排解的悲伤。为了一吐心中的忧伤，恩格斯想到了自己的挚友、革命伙伴——马克思。他提笔给马克思写了一封信，希望可以得到马克思的安慰。可此时，马克思的处境也十分窘迫。因此，在回信中，马克思并没有对恩格斯表示过多的安慰，仅仅用了一句话表达自己对玛丽去世的哀悼，之后便向恩格斯大吐自己的苦水。恩格斯从信中感受到自己妻子的去世并未引起马克思的重视与悲伤，心中十分恼火，便又给马克思写了一封信。这封信言辞激烈并暗示要和马克思断绝20多年的友情。马克思看完信后，内心十分不安。他马上写信，向恩格斯表达了自己的歉意，并再次表达了对玛丽去世的哀悼。这封信写得情真意切，最终打动了恩格斯。两个人才言归于好。

看一看，即使是具有共同信仰、有着20多年友情的革命导师，也会因为一些疏忽而危及自己的友谊，平凡的我们又怎能疏忽大意呢？

友谊是需要呵护的。在这里向大家介绍几条专家推荐的原则，希望可以对你稳固自己的友谊有所帮助。

当两个人成为朋友时，我们便放松了之前的矜持。这样的心态很容易破坏彼此之间的友谊。因为，一旦你放松了自己的矜持，你就可能会出言不逊，不顾及对方的尊严。如果你无意之间的言语损害了对方的尊严，那么对方以后很可能会对你敬而远之。所以，即使彼此已经非常熟悉，也要时刻注意维护对方的自尊。

朋友之间虽然无间，但还是要分清彼此，不要随便使用对方的东西，尤其是未经对方同意时。对于一些私人的物品，比如剃须刀、香皂等更是不要随便使用。此外，对于朋友的物品，要像对待自己的物品一样用心保管，这样才能赢得朋友的信任。

一定要兑现朋友之间的承诺，切不可言而无信。对于自己做不到的事情，不要盲目答应，也不要因为不好意思而不愿张口拒绝。对于这种情况，要在第一时间向朋友坦承自己无能为力，不要耽误朋友的时间。

当你需要朋友的帮助时，不要逼迫他们伸出援手。你要适时地站在朋友的位置上，考虑朋友的难处。对于朋友的帮助，你要真心地感谢；如果朋友拒绝帮助，你也不要耿耿于怀，要懂得体谅朋友的难处。

朋友之间的付出应该是无私的，不图回报的。如果你每次付出之后，都要朋友做出相应的回应，那么，你的朋友以后便不会再请你帮忙，你们之间的友情也会因此而慢慢变得淡薄。

关心他人才能赢得好朋友

> 不是真正的朋友，再重的礼品也敲不开心扉。
>
> ——培根

你能记得自己十个朋友的生日吗？

是不是觉得自己没什么信心能回答这个问题？

那好，我再把范围缩小一些。你能记得自己一两个最好朋友的生日吗？

很多人还是难以回答这个问题。你可能会反驳说，真正的好朋友是不在乎这些小节的，我们彼此心心相印，在有困难的时候，对方都会鼎力相助。是呀，一个人一生中有几个知心朋友是幸运的。虽然好朋友之间不会计较太多琐碎的问题，但我还是希望你能记住自己朋友的生日，因为我们生活在一个需要朋友的世界中。

许多成功人士就十分关注朋友的生日。他们会利用各种方式来探知对方的生日，并牢牢地记住它，将他们的生日标记在对应的日期簿上。当朋友生日的时候，他会送去自己的问候，可能仅仅是一个简单的问候，但足以让对方觉得有一个朋友在默默地关心他，足以让他激动到难以自持。

当我们想要结交一个朋友时，真诚、用心地去关心对方无疑是理所当然的事。因为，我们每个人都有一颗敏感的心。任何一点虚情假意，我们的心都可以像雷达一样敏锐地捕捉到。如果你不去真诚地关心他人，那么你就很难得到一段伟大的友谊。培根这样说："对他人漠不关心的人，他不仅会在一生遭遇众多的困难，而且还会殃及池鱼，使他人也因此而遭受损失，对别人的损害也最大。所有人类的失败，都是由这些人造成的。"一个只关心自己的人，他的一生必然会是失败的。因为，我们这个社会是一个需要与他人不断接触、不断发生关系的世界。如果你只是关注自己，以自己为中心，那么你肯定是一个永远也不会懂得生活的人。你不可能参透生活的真谛，也永远不会赢得别人的友谊，赢得别人的喜爱。

美国总统西奥多·罗斯福的黑人男仆詹姆斯·埃莫森曾写过一部纪念罗斯福的书——《西奥多·罗斯福，仆人心目中的英雄》。在书中，埃莫森记载了罗斯福生活中这样一个小细节。

"我妻子对鹌鸟十分好奇，因为从来没有见过这种鸟，所以，她就向总统请教关于鹌鸟的问题。总统听了之后，向她做了十分详细的描述。我妻子则听得似懂非懂。过了一段时间，我屋里的电话响了起来。我妻子接的电话。打电话的是罗斯福总统，他打电话过来是要告诉我的妻子，此时在她的窗外，正好有一只鹌鸟，如果她快点到窗户那里去，或许还可以看到它。像这样细小的事情，正是总统关心他人的特点。无论他什么时候经过我们屋，无论他有多忙，他总是会热情地跟我们打招呼。'嗨，嗨……安妮！''嗨，嗨……埃莫森！'这正是总统对我们的一种友善的问候。"

罗斯福总统正是因为他对别人的关爱发自内心，所以赢得了仆人们的尊敬和爱戴。试问，像这样无微不至关怀他人的谦谦君子，有哪个人不会喜欢上他呢？如果一个人真心地关爱他人，那么，他在两个月内结交的朋友，可能会比那些只等着别人来关心他自己的人两年认识的朋友还多。

真心地去关心他人吧！因为你在关心他人的同时，不仅会给他人带去快乐，也会收获他人的友谊与爱戴。我们只有对他人产生了真挚的兴趣，他人才会来关注我们、接纳我们。正如古罗马著名的诗人西拉斯所说的："我们对他人产生兴趣的时候，也正是他人对我们产生兴趣的时候。"如果你想获得伟大的友谊，首先，你需要真诚地关心别人。

人生需要多些协作、少点敌意

> 如果把快乐告诉一个朋友，你将得到两个快乐；
> 而如果你把忧愁向一个朋友倾吐，你将被分掉一半
> 忧愁。
>
> ——培根

有人说"能忍是福"，可对此很多人都不能理解。忍字头上可是有把刀呀，怎么可能是福呢？是的，忍确实会让人受委

屈之苦，但"忍一时之气，可解百日之忧"。与人相处，多一分容忍，就多一分大度；多一分大度，就多积一分福。相反，多一分娇纵，就会多一分屈辱；多占一分便宜，往往多有一次灾祸。

俗话说："将军额上能跑马，宰相肚里可撑船。"这就是大度的最好表现。生活中处处有矛盾，时时有纷争，如果遇到一点矛盾，双方就针尖对麦芒，互不容忍，这样只会激化矛盾，使事情向相反的方向发展，甚至两败俱伤。

纵观历史风云人物，无不具有"额上跑马，肚里撑船"的宽容大量，他们在容忍别人诽谤、挑衅、讽刺时，不仅没有与之计较，反而大度地包容了他们，由此留下了许多佳话。

美国前总统林肯竞选时，有个叫斯坦顿的劲敌想方设法在公众面前侮辱他，他用不合时宜的最难听的话攻击林肯的外表，甚至故意让他陷入窘困。但出人意料的是，当林肯获选为美国总统，需找一位参谋总长为他出谋划策时，他不选别人，却选择了这位劲敌斯坦顿。消息传出，一片哗然。别人问他："你忘了斯坦顿当年是怎么诽谤你的吗？"林肯说："我知道他从前对我的批评，但为了国家前途，我认为他最适合这份职务。"果然，这位劲敌斯坦顿没有让他失望，他为林肯执政做了很多贡献。

英国首相丘吉尔是一位深受民众拥护和爱戴的领袖，他在执政期间做了很多大事，但也不乏不到之处，他有一些做法损害了少部分人的利益，受到了别人的攻击。有一次，在一个重要会议上，有一位女士对丘吉尔不留情面地破口大骂，说："如果我是你太太，我一定会在你的咖啡里下毒！"会议上的气氛立刻紧张起来，与会人员都紧张地望着丘吉尔，心想他一定会大发雷霆，惩处这个狂妄的女人。但是丘吉尔微笑着回答说："如果你是我太太，我一定将此咖啡一饮而尽。"此语一出，会议上的紧张气氛缓解了，那位女士也羞愧地低下了头。

还有一位叫康农的美国议员，在他初上任时的会议上，受到了另一位代表的嘲笑："这位从伊利诺伊州来的土包子口袋里恐怕还装着麦粒呢！"这句话是讽刺康农还没有挣脱农夫的气息。此话一出，会场立即哄笑起来。虽然这种嘲笑使他非常难堪，但康农并没有恼羞成怒，而是很好地控制了自己的情绪，他从容不迫地答道："我不仅在口袋里装有麦粒，而且头发里还藏着草屑。可是我们的麦粒和草屑，却能生长出最好的秧苗来。"一场故意的挑衅就这样被巧妙地化解了，人们不由得为康农暗暗喝彩。

在这个世界上，上至国家总统，下至普通百姓，谁不会受到别人的非难呢？如果我们在面对别人的非难时，都针锋相对，有仇必报，那这个世界上还会有快乐吗？世界因为容忍而和平，万物因为大度而快乐。待人包容，不仅使指责你的人达不到预期的目的，而且还向世人彰显了你的大度，何乐而不为呢？大度，不是软弱无能，而是一种智慧，一种雅量，是启迪感化对方、引导对方改变的过程。如果我们都能大度处世，上帝会给我们更多的垂青。

第四章

培根谈快乐活法：享受生活给你的一切

　　在吃饭、睡觉、运动的时候，心中坦然，精神愉快，乃是长寿的最好秘诀之一。至于心中的情感及思想，则应避嫉妒，焦虑，压在心里的怒气，奥秘难解的研究，过度的欢乐，暗藏的悲哀。

过于追求完美的生活不快乐

当命运微笑时，我也笑着在想，她很快又要蹙
眉了。

——培根

没有完美的世界，也没有完美的人生，有时候，目标与现实之间只差一点点而已。如果你抱着自己的完美理想不放手的话，就会招惹来无穷无尽的烦恼的纠缠，相反，在完美与不完美间寻找一个平衡点，你的生活将会快乐轻松很多。现实中有太多人违背自我，以别人眼中的"完美"作为自己的目标和追求对象，所以他们活得很累。培根作为一个伟大的哲学家，其人生的历程也不是十全十美的。

多年来，培根一直致力于谋求公职。他结交塞西尔父子和艾塞克斯伯爵，以种种手段取悦于女王，然而却连连碰壁，在整个伊丽莎白女王时代，除去被选为国会议员和1596年成为女王的法律顾问这两个虚职外，仕途的大门始终对培根紧闭着。

1601年2月的一天，艾塞克斯伯爵率领几百名武装侍从，鼓噪入城，试图引发整个伦敦城的暴乱，以便实施起义计划。只是城里的老百姓虽然平时都爱戴这位勇敢侠义的伯爵，这时却没有人愿意跟他去攻打王宫。结果这支小小的队伍很快便被歼灭，他本人被捕。被捕后，艾塞克斯以叛国罪被审判，定为死罪，很快被斩决，年方34岁。

在艾塞克斯伯爵两次受审的时候，培根都奉命陪审，特别是在最后一次审判时，由于检察官漏洞百出，伯爵据理力争，致使审判难以进行。最后还是培根的积极干预，驳回了伯爵的辩解，才使审判得以顺利完成。伯爵被处死后，培根又奉命起草了伯爵罪行录公之天下，给这桩叛国案画上了句号。

因为艾塞克斯一案的处理方式，培根也因此背上了忘恩负义的恶名，身前身后一直被人责难。

培根是一个颇有争议的人物，对培根的争议，既有关于他的思想的，也有关于他的为人方面的。许多人谴责培根的为人，认为他是"人世间最聪明而又最卑鄙的人"，是一个"杰出而又卑鄙的学者"。连黑格尔都认为培根犯有"忘恩负义"的罪过，玷污了自己的名声。也有些学者不同意在道德方面苛求培根，认为培根的一些行为乃是环境和时代风气使然，时代的过错不能完全由个人承担。

培根是一个伟大的思想家，但从来都不是一个完美的人。

其实，生活中尽善尽美的事情真是少得可怜，它们大多有着这样那样的缺陷，让我们感到深深的遗憾。面对缺陷，我们不可一味气馁、气愤，更不要自卑、悲观，将缺陷与它本身的优势或独特之处联系起来，事情就不会如你所想的那么失败，还有可能成为你人生走向成功的重要力量。

你总是因为未能达到某一目标而觉得自己已经彻底失败了，因而感到深深地自责和痛苦。无论你做得再多再好也不会令自己满意，因为你总是在不断地追求更高的目标。尽管在他人看来你已经十分了不起，可你还是对自己有更苛刻的要求，害怕暴露自己的缺点，只想将自己令人叹为观止的完美无缺的一面呈献在大众面前。因为你是一名完美主义者，所以你不能容忍自己的一点点小失误。可一旦你被这种心理控制久了，便会给自己的精神和身体带来严重的负担，造成恶劣的影响。

人们总会被追求完美的压力所蒙蔽。认为只有做得"更好"些才会使自己更加幸福，其实，大可不必，有时候你的缺陷也是一笔可观的人生财富。

在我们的成长过程中，我们逐渐养成了这样的信念：我们应该自始至终努力让生活变得尽善尽美。不幸的是，你的期望越高，往往失望也越大。由于对自己的要求过高，给自己施加了过多的压力，就会束缚住自己的手脚，以致难有所成，甚至最终崩溃。相反，如果你降低了对自己的要求，不再对自己提出好高骛远的期望，你的心情反而会因为解脱而舒畅开心起来，会觉得自己更有创造力，更可以轻松上阵了。最理想的境地总是不可到达的，但是人们往往不知道应该退而求其次，结果只能被碰得头破血流。因此，完美主义不是一种你应给予强化的心态，而是一种你应给予弱化的心态。

生活如香茗，只可品不可暴饮

　　一个人的天性中不是生香卉，便是长野草。所以，我们要适时地灌溉前者，铲除后者。

——培根

　　培根说："这个世界太多浮躁，只能让人生变得暴躁。""怒气确是一种低贱的品质，因为它善于在它所管辖支配的那些臣民的弱点中出现。"培根的这些话会让人产生强烈的共鸣。现实中不乏这种现象：职业男女早上6点左右，闹钟响，匆忙起床，忙得团团转，洗漱一番，套上职业工作服，要是有时间，就用点早餐，然后抓起公文包往外跑，开始接受每天例行的惩罚——所谓交通高峰的堵塞；朝九晚五地工作，应付上司，应付同事，应付厂商，应付客户、顾客。这种紧张繁忙的工作会让你饱受压力。

我们能从培根的话语中找到很大的慰藉。培根说："今天的人们从沉重的生活中发出一声声叹息，他们却不曾发现仅仅离他们几步之距就有着一个崭新的全然不同的世界。"在培根看来，人生处处有风景。我们可以试着看看：无论是在繁华街道的一隅，还是在窄小胡同延伸的终点，或是在茂密树林虚掩着的林间小道的拐角处，总会有一两处悠闲的所在，它们静静地在那里等候，黄昏时以一两盏闪烁的灯光在呼唤着人们前去小憩疗伤。当你在茶馆的角落中呼吸着那飘有龙井清香的空气时，当你在小桥流水旁的小亭上点燃一支香烟时，当你一天的疲惫和满腹的烦闷即将随风飘去时，你的心中仿佛响起了一首牧歌，此时闲淡的心情又回到了你的心灵深处。

心理学家做过一个试验，用动物来模拟人的"紧张状态"。他们将狗关在一个大房间里，房间里备有足够的食物与水。心理学家整天整夜地用光和声响恐吓这些狗，使它们紧张起来。经过几天的试验，心理学家发现，有的狗在紧张的气氛中变得精神狂躁，视觉、听觉和动作变得敏锐，到处寻找逃生的出口；有的狗全身发抖，夹着尾巴，甚至变成了"狂犬"；有的狗则变得行为迟钝，萎缩在角落里睡着了。

　　可见，紧张对人和动物都有刺激，如同动物受刺激后反应不同一样，人在紧张状态下的反应也各有不同，有的人乐于忍受压力，压力越大越兴奋，快节奏使其感到舒坦；有的人却不然，一旦有强大的压力，则会心神不宁，不知所措，以至失眠。每个人只要注意观察自己的应激表现，就可以了解自己在什么程度的紧张状态下工作情况最好。但紧张一旦超过了自身的承受力，则会产生许多不良的影响。

　　赵先生是位生意人，赚了几百万元，存款也很多。他在事业上虽然十分成功，但却一直没学会如何放松自己。他是位神经紧张的生意人，并且把职业上的紧张气氛从办公室带回了家里。

　　晚餐时赵先生走进餐厅，对华丽的家具视而不见，径直在餐桌前坐下来，他心情烦躁不安，于是没多久就站了起来，在房间里走来走去，还心不在焉地敲敲桌面，甚至差点被椅子绊倒。在晚餐上来之前，他不停地敲击着桌面。晚餐上来后，他的两只手就像两把铲子，不断把眼前的晚餐——铲进嘴中，嚼都不嚼，一顿狼吞虎咽。

　　吃完晚餐，赵先生起身走进起居室。起居室装饰得也十分漂亮，有长而漂亮的沙发，华丽的真皮椅子，地板上铺着高级地毯，墙上挂着名画。他迅速把自己投进一张椅子中，几乎在同一时刻拿起一份报纸，可他只匆忙地翻了几页，急急瞄了瞄大字标题，就把报纸丢到地上，然后拿起一根雪茄，引燃后吸了两口，便把它放到烟灰缸中。

赵先生不知道自己该做什么。突然他跳了起来，走到电视机前，打开电视机，等到影像出现时，又很不耐烦地把它关掉。随即他大步走到客厅的衣架前，抓起他的帽子和外衣，去屋外散步了。

赵先生每天回到家都是这个样子。他事业有成，有房有车，家庭和美，但他就是无法放松心情。不仅如此，他甚至忘掉了自己是谁。他为了争取成功与地位，已经付出他的全部时间，然而可悲的是，在赚钱的过程中，他却迷失了自己。

"可以生气，但不要犯罪。不可含怒到日落。"怒气必须在程度和时间两方面都受限制。我们现在先说发怒的天性及习惯可以如何调剂和缓。人应该学会调整和放松，要知道应该在什么时候放下工作，轻松一会儿，在紧张的生活中要学会松弛自己的神经。只有神经不那么紧张时，才可以快快乐乐地工作。要接受自己的不足，明白一个人的能力总是有限的，不要把自己逼得像个奴隶，你应该轻松下来。如果你发现自己正在疯狂地奔波劳累，那要赶快停下来。问问你自己这样做有何用处，你是愿意把自己逼出心脏病来，还是承认自己的有限能力，然后轻松下来？答案是显而易见的。因此在安排日常生活时，既不要过分紧张，也不要过分松垮，你只要安排得充实一些，让节奏保持适度紧张，并且把这种生活看成是一种乐趣，就会让生活变得丰富多彩。

真实的活着本身就是种幸福

> 世界上，最直接，最简单的快乐，不在于多么瑰丽绚烂的景色，不在于多么雄奇险峻的人生，而在于健康的活着，发现生活中的生命之美。
>
> ——培根

"生活就是这样，人们生于尘世，每个人都不可避免地要经历苦雨凄风。面对艰难困苦，保持一种什么样的心态，将直接决定你的人生轨迹。"培根说。在他眼里，人的一生就像一趟旅行，沿途中有数不尽的坎坷泥泞，但也有看不完的春花秋月。如果我们的一颗心总是被灰暗的风尘所覆盖，干涸了心泉、黯淡了目光、失去了生机、丧失了斗志，我们的人生轨迹岂能美好？而如果我们能保持一种健康向上的心态，即使我们身处逆境、四面楚歌，也一定会有一个好的人生。

"山重水复疑无路，柳暗花明又一村。"在生活中，悲观失望者的呻吟与哀号，虽然能得到一时的同情与怜悯，但长此以往，最终必然会遭致别人的鄙夷与厌烦；而乐观上进的人，经过长久的忍耐与奋斗，最终赢得的将不仅仅是鲜花与掌声，还有那饱含敬意的目光。

虽然每个人的人生际遇不尽相同，但命运对每一个人都是公平的。因为窗外有土也有星，就看你能不能磨砺一颗坚强的心，一双智慧的眼，透过岁月的风尘寻觅到辉煌灿烂的星星。不要只关心生活怎样对待你，而是应该问一问，你怎样对待生活。

一个人要想打开自己人生的局面，必须要了解自己的心态，战胜自己不好的心态。要做到这两点，必须用积极的心态去生活，不能用消极的情绪度过每一天。

清晨，当你睁开眼睛时，你应该告诉自己：人活着是一件多么美妙的事！这是又一个多么愉快的早晨！我从未感到如此开心！我想今天一定会是美好的一天。

找回自己小时候那种吹口哨的心态，使之成为你此刻的生活态度。找回那种内心深处完全自然、毫不做作的乐趣。因为真正的乐趣并不是表面上的，或随时可见的，而是一种发自内心的感觉。心态好的人，会因自己的处境和所做的事而感到深深的幸福。如果你暗中注意这种人，就可以发现他们总是在唱歌或吹口哨。

有一次，培根和他的朋友一起去散步。他们沿着公园走着，步履轻快，挺胸抬头，兴致高涨，两个人开心极了。

走了一段路后，两人觉得全身舒畅，充满活力。当他们走过一段林荫小道的时候，朋友说："看，多美啊！"

以前，培根从没想过这段路有多特别，经朋友一说，他便回头又看了一次，这时，他才真正理解园艺师在设计这段路的时候注入的心血，在其间行走，会让人有一种幽静、安宁的感觉。培根终于体会到了这种幽静、安宁，而这都源自朋友的启发，是朋友热爱生活的好心态促进了培根美的享受。

我才是命运的主人，我决定着自己的快乐！培根在这段道路上找到了快乐的感觉，才发现这段普通的路也是很美好的。是的，只有调整好自己的心态，去发现生活的新奇与美好，才会发觉，原来，简简单单地活着，也是一种乐趣。

把平凡过得不平凡

> 上流社会只有少数人，更多人是另一个阶层，这就是我们面对的社会。
>
> ——培根

不要抱怨日子太平淡，身边的人包括自己都太平凡，平凡的日子因为平静而没有大起大落，平凡的日子因为每天杂着油、盐、酱、醋、茶而有滋有味。生活本身就是五味俱全、丰富多彩的，而做人的情操和理念却需要自己牢牢把握，要平和地对待生活中的每一件事，要善意地对待你周围的每一个人，要永远保持一种真诚、友爱、宽容、健康的心态，用心去感受生活对我们哪怕是极其微小的恩赐。

培根住的街道有一个穷裁缝。他每天通过给富人缝衣服来维持生计，但是他是一个快乐的裁缝，他每天做着衣服唱着歌。穷裁缝是那样的乐观，他快乐的歌声感染了周围所有的人，以至于整个街道好像都因为他的快乐而沉浸在幸福的摇篮里。

有一天，培根遇到这个裁缝，好奇地问："你的日子过得这么艰难，是什么让你如此高兴、快活呢？"

穷裁缝笑着说道："我不知道你为什么忧郁，但是我开心是因为我是一个平凡的人，可以通过自己的双手劳动养活全家，我有妻子、孩子，还有很多朋友，我爱他们，就这么简单。"

你会不会羡慕这位穷裁缝？他手中的针线能抵过万贯家财，因为他的日子平凡而快乐。

生活中只有少数人可以叱咤风云、流芳百世，绝大部分人都是极其平凡的。一个平凡人如何才能让日子过得丰富多彩、有滋有味呢？培根早就给了我们答案："细细品味平凡的日子味道，你会品尝到快乐和宁静。"

盛夏，好多天没下雨，院子里的花草都枯黄了。小勤杂工觉得太难看，就去跟园艺师傅说："师傅，撒点种子再种点花草吧！"老师傅看着一脸着急的小勤杂工说："不着急，现在种了也出不来。你先去找种子吧，等时机到了，我们随时都可以种。"

小勤杂工找了一些种子。可等了又等，直到第二年入春了，老师傅才对小勤杂工说："去种吧。"小勤杂工急忙去播种。种子种下了，不一会儿，一阵风起，把种子吹走了很多。小勤杂工看着被风吹走的种子，有些沮丧，着急地去跟老师傅说："老师傅，好多种子都被风给吹跑了。"

老师傅告诉小勤杂工说："没关系，吹走的净是瘪的、没用的，即使种下去了也不会发芽，随它们去吧。"

过了一会儿，又有几只小鸟飞来凑热闹，在土里一阵刨食，种下的种子又叫它们吃掉了一些。小勤杂工又急了，赶紧向老师傅报告说："老师傅，种子都被小鸟吃光了。"老师傅拍拍小勤杂工的头："不会的，那么多种子，几只小鸟是吃不完的。"

夜里一阵狂风暴雨过后，种子又被雨水冲走不少。第二天，小勤杂工看着自己种下的种子没剩下多少，来到老师傅房间，带着哭腔对老师傅说："昨夜的那场暴雨把种子都冲走了。"

老师傅笑笑答："没关系，随它们去吧，它们到哪儿都会发芽。"

几天后，原来荒凉的草地上长出了许多青青的小苗。一些没有播种到的地方因为雨水冲去了种子，也有绿绿的小苗长出来。小勤杂工高兴地说："老师傅，快来看呐，种子都发芽了。"老师傅却依然如往常一样平静地说："就应该是这样啊，在哪里长出来都是绿。"

许多人都感叹命运不好，其实是他自己的活法不对。上一座山，刚上一小段，发现另一座山美丽壮观，于是匆匆跑下来又开始登那座"美丽壮观"的山；可刚登上一小段，又发现另一座更美丽壮观的山……如此下去，跑来跑去，跑了几十年却仍在"山"脚下徘徊，然后又是命苦又是心累的叫个不停，可这怪谁呢？

最好的活法是顺其自然。这里的自然不是随波逐流，不是随遇而安，更不是醉生梦死地跟着别人走，而是指弄明白自己的人生方向后踏踏实实地顺着这条路走下去，心安理得地不羡慕别人的成功更不会跑去盲目地跟着别人走。有人说："鱼儿不会因为羡慕鸟儿就能飞上天空，小草不会因为羡慕大树就能发疯地长高，一个人更不能因为羡慕别人的成就就忘了去把自己该做的事做好。"我们要明白，每个人都有自己的长处和优势，也就是每个人都有自己的一座"山"。关键是找到那座"山"，然后坚定地攀登上去。坚持登一座山的人一定能达到顶峰，坚持做一项事业的人一定能成功，坚持一种生活信念的人一定会幸福。

平凡没有惊世骇俗，但平凡的日子可以过得平静、安宁、自在，平凡的日子就像一杯茶，需要细细品味，在清香的背后蕴含着淡淡的苦味和醇厚的甜味。

舍不得，又如何能得到

> 钱财是有翅膀的，有时它自己会飞去，有时你必须放它出去飞，好招引更多的钱财来。
>
> ——培根

一个人的一生，就像花园中的小径，充满了岔路。在这小径的岔路口，你究竟是要选择娇艳怒放的玫瑰，还是清香淡雅的茉莉？而在人生的岔路口，你是要选择眼前浪漫四溢的爱情，还是为了将来的成功而忍受寂寞？是选择家庭生活的温馨，还是选择事业的成功？这一个又一个的选择，决定了人或幸福或挫折的一生。一个人能否获得幸福，常常取决于你那一念之间的抉择。这种选择，需要智慧。

有一位知名的哲学家，气质高雅，是很多女人的偶像。某天，一个女子来拜访他，向他表达了爱慕之情，并且说道："错过我，你将再也找不到比我更爱你的女人了！"

哲学家虽然也很中意她，但仍习惯性地回答说："容我再考虑考虑！"

事后，哲学家用他一贯研究学问的精神，将结婚和不结婚的好处与坏处逐条罗列下来，结果发现好坏均等。究竟该如何抉择？他因此陷入了长期的苦恼之中。最后，他终于得出一个结论——人若在面临抉择而无法取舍的时候，应该选择自己尚未经历过的那一个。不结婚的状况他是清楚的，但结婚后会是个怎样的情况他还不知道。对！应该答应那个女人的请求。

哲学家来到女人的家中，问她的父亲："你的女儿呢？请你告诉她，我考虑清楚了，我决定娶她为妻！"女人的父亲冷冷地回答："你来晚了，我女儿现在已经是孩子的妈了！"

哲学家听了，整个人几乎崩溃。他万万没有想到，他向来引以为傲的精明头脑，最后换来的竟然是一场悔恨。此后，哲学家抑郁成疾，临死前，他将自己所有的著作丢入火堆，只留下了一段对人生的批注——如果将人生一分为二，前半段的人生哲学是"不犹豫"，后半段的人生哲学是"不后悔"。

没有人一生得到，正如没有人一生失去，人生在世都要经历得到与失去的过程。一个人要在生活中培养自己拿得起放得下的心态，在"取"与"舍"之间做出睿智的判断。

选择就意味着放弃，因为有舍弃才能有所得。"舍得"并不是指丢弃一件具体的东西，而是一种态度。也就是说，为了更好的自己，要果断地学会适当放弃心灵的包袱，才会更从容地生活。

"舍得"既是一种处世的哲学，也是一种做人做事的艺术。所谓有"舍"才有"得"，有时候舍弃并不一定就会是坏事，为了得到自己想要的，甚至还必须得"忍痛割爱"一番。

一只猴子将手伸到猎人布置的盒子里掏果实，果实抓住了，但抓着果实的手无法从盒子中抽出来。猴子最终落入猎人手中，是因为它始终不懂得放弃，不肯放下已经抓在手里的东西。

一些人出于优柔寡断的天性，常常无法割舍那些本该放弃的东西，从而失去了选择的主动，甚至因为做出错误的选择而付出了巨大的代价；而能够勇敢地进行选择的人，则能够把握住生命中真正宝贵的财富，收获家庭、爱情和事业的硕果。

你想得到一些东西，就必须放弃一些东西。生活中值得我们追求的东西很多，如果一味地纠缠在那些毫无意义结果的东西上，拼命地追求本该放弃的，本该苦苦追求的却毫不珍惜地放弃，到头来必定竹篮打水一场空。如果说执著是一种精神，那么放弃是一种勇气和境界。得不到的或不该得的，就该果断放弃。匆匆的生命，有限的人生，不允许我们四面出击分散自己的时间和精力，在大好的时光中忙忙碌碌终无所成。

有的人喜欢"求全责备"，实际上往往是"求全则毁"。是你的，不必力争，自会得到；不是你的，即使千方百计取得，也会随风而逝。如果刻意而为，既荒废了时间又浪费了精力。何苦！

执迷不悟的固执，是一意孤行。不如正视现实，咬咬牙勇敢地放弃那力不从心却又苦撑硬撑的执著。在清醒地选择之后，明白自己意志的支点，一切都变得单纯而明朗了。

扔掉扰心的烦恼，忘记失败的沮丧，封藏痛苦的记忆，坚定地把过去踩在脚下，留在身后。选择了瞬间的清醒，就等于选择了瞬间的成长。

及时调整心态坦然面对失去，正确看待失去，学会忍受失去，让胸襟更豁达一些，让眼光更长远一些，为了成就一番事业，为了实现自己的人生目标，经常为自己整整枝，排除那些不必要的留念和顾盼，鞭策自我，以便集中精力展开人生的追求。

果断地放弃是面对人生、面对生活的一种清醒的选择，只有学会放弃那些本该放弃的东西，生命才会轻装上阵、一路高歌，只有学会放弃，走出烦恼的困扰，生活才会倍感绚丽、富有朝气。

别把烦恼带回家

家是温暖的港湾，爱的寄泊地，一个充满温暖、和睦气氛的家庭会使每个家庭成员生活在一种精神快乐的状态之中。

——培根

有人把家庭比作社会的细胞，这是最恰当不过的。家是社会稳定的基石，是人生旅途中温馨的驿站，是人生事业的"助推器"。和谐家庭必然涵盖家庭成员间感情、兴趣、爱好、谈吐等方面的默契，彼此相处融洽，互谅互慰，充满温暖，是爱、尊重、责任、谅解、幸福、温暖等元素组成的共同体。

家庭关系是影响和谐家庭最为主要的原因。家庭生活中最复杂的一门学问，就是家庭关系的处理。列夫·托尔斯泰就曾讲过：幸福的家庭都是相似的，不幸的家庭却各有各的不幸。随着社会、经济的发展，婚姻家庭中的个人，其伦理道德、生活方式以及思想观念都发生了不少变化。而这些变化便不可避免地影响到家庭关系，再加上代沟的存在，婆媳之间、上下辈之间，如果没有一种关系上的协调，则很容易引发"战争"。这势必影响这个家庭的和谐。可以说，家庭关系的好坏是影响和谐家庭的主要原因。

不论是谁，在家里找到了安乐，他就是最幸福的人。在培根的哲学里，家庭与事业同等重要。

1606年5月，培根与市参议员、爵士候选人巴韩姆的女儿阿丽丝·巴韩姆成婚。婚礼盛大隆重，轰动一时。新娘是一位漂亮的少女，更重要的是，阿丽丝是她娘家财产的继承人之一，结婚时她给培根带来了丰厚的嫁妆，婚后每年还可得200英镑，不用说，这对培根很有吸引力，要知道，培根自1604年起担任国王詹姆斯一世的顾问，每年的薪水也只有40英镑。

好事成双，婚后第十三个月，培根得到了副检察长的位置，这是20年前伊丽莎白拒绝给予培根的位置。在长久的请托、等待、失望、期盼和处心积虑的策划之后，在他差不多已经完全失望了的时候，命运之神，实际上就是国王，开始垂青于他。

人生活得快乐与否与家庭幸福最相关，而家庭幸福之道则在于重视你的配偶、子女，他们才是快乐之源。在家庭问题上，宽容点、厚道点、糊涂点，比什么都好，给矛盾缓解留点余地，给家庭生活增添点朦胧美。

培根在《论家庭》中说："在子女面前，父母往往将欢乐、悲伤或者恐惧隐藏起来，因为孩子是家庭中心，至于他们自己的情感就不便表露了。孩子可以使父母的辛劳变甜，也会使他们的不幸更苦。孩子增加了父母的生活负担，也减轻了他们对死亡的忧虑。"家是温暖的港湾，爱的寄泊地，一个充满温暖、和睦气氛的家庭会使每个家庭成员生活在一种精神快乐的状态之中。反之，看这不顺眼，看那也不顺眼，动辄就对家人打骂的行为，对哪一个家人的心理上的影响都是阴暗的。培根告诉我们，一定要珍重家庭，因为家庭是一个人幸福的港湾，要保护好这个"港湾"。

有这样一个家庭，在他家的门上，醒目地挂着一块方木块，上面写着这样的字："进门前请丢掉烦恼；回家时还快乐回来。"寥寥数语，却蕴含深刻的道理。

刚下班回来的男主人笑容可掬，孩子也彬彬有礼，甜蜜家庭永远给人一种温馨、和谐、暖意融融的感觉。

有邻居问起那块小木块的由来，女主人幸福地笑笑说："这可是我们共同的创造。其实也没有什么，主要是提醒自己，作为女主人，应当把这个家庭管理得更好。"

原来有一次，女主人照镜子时，在镜子里看到一张充满疲惫、晦涩无光的脸，还有一双失神的眼睛，这把她吓了一大跳。于是她想，当自己的丈夫和孩子看到她这副模样的时候，会有什么感想？如果她面对这样的面孔时，又会有什么反应？然后，她又想到孩子常在吃饭时沉默不已，丈夫也一副冷淡的表情……她才意识到这些事实的背后隐藏的真正原因。她感到非常可怕，因为是自己的原因造成了家庭的不和睦。

当天，她就和丈夫进行了一次长谈，第二天他们就写了那个木牌并挂到了门上，用来时时提醒自己。结果不但自己大有改变，家人也受到了感染，全家每天其乐融融。

情绪具有传导性，好情绪的传导性是有积极意义的，而坏情绪却截然相反。我们的一颦一笑都会"传染"给家人，烦恼自然也不例外。当你烦恼时，家里人也会不开心，可家是温暖的港湾，不要因为我们不高兴的情绪，而影响了整个家庭的气氛。因此，从外面回到家时，要记得尽量给自己的家人一个舒心的笑容，让家人尽享温暖快乐。

世间没有完美的人生，但也没什么事情是不可以解决的。遇事多看开一些，多开心一些，学会呵护家人，不把烦恼带回家，让家人享受实实在在的温馨快乐，是我们每个人都需要做的事。

当然，别把烦恼带回家，并不是说刻意来隐瞒我们的难处，而是要让爱人知道，有困难时要以一种积极乐观的姿态去面对，以后当家庭遇到困难时也要求夫妻有足够的勇气克服，呈现给对方一个勇敢面对的态度和美好印象。

《论家庭，论教育》中有这样一段话："家庭的温馨和睦，除了要有爱情基础外，更需要男女双方的彼此尊重，彼此理解，彼此宽容。如果一个人连对自己的家庭都充满怨气，那么他在这个社会上，恐怕也很难拥有理想的事业和真诚的友谊。"可见，在培根的眼里，婚姻爱情是一本大书，是要我们用一生的时光来解读的。对于一个热爱家庭的人来说，你用心灵去探察、去理解、去解决，就必定能抓住这本书的精髓。

第五章

培根谈个人品德：修养决定了你的世界

　　一个人如能在心中充满对人类的博爱，行为遵循崇高的道德律，永远围绕着真理的枢轴而转动，那么他虽在人间也就等于生活在极乐世界。所以说，人的伟大在于个人的修养。

用美德来去除心中的杂草

> 同情是一切道德中最高的美德。

> ——培根

培根说："美德有如名香，经燃烧或压抑而其香愈烈。"世事有光明的一面，也有黑暗的一面。能始终用善处世，黑暗的一面也常会被光明的心地所照耀，逐渐变为光明。因此培根认为："要学会始终与人为善，当你处于领导地位时，就更应如此。拥有这样的美名，君王也能赢得众人的拥护和爱戴。这有一个最大的好处，就是能比他人有更多的机会去做与人为善的事。所谓朋友，就是那些能够给你提供帮助、友善待你的人。所以，你一定要注意广结善缘，培养善良的秉性。"

在犹太人中流传着一个这样的故事：

一个中年妇女中午在家门口碰到三位老人，她上前对老人们说："你们一定饿了，请进屋吃点东西吧！""我们不能一起进屋。"老人们说。

"为什么？"中年妇女不解。

一位老人指着同伴说："他叫成功，他叫财富，我叫善良。你现在进屋和家人商量一下，看看需要我们当中哪一位？"中年妇女进屋和家人商量后决定把善良请进屋。她出来对老人们说："善良老人，请到我家来做客吧。"善良老人起身向屋子走去，另两位叫成功和财富的老人也跟进来了。中年妇女感到奇怪，问成功和财富："你们怎么也进来了？"

老人们回答说："哪里有善良，哪里就有成功和财富。"

培根认为，善的定义就是有利于人类。为人处世，素来讲求一颗善良的心。培根在《论人生》中说道："每个人都必须承认他人的存在价值，必须用善良的心对待别人，使之能充分发挥特质，而达到最有效地运用。这是顺应自然理法的生存方式，我们必须从人类社会的各方面去思考、去运用、去实践，这样可以带来更大的进步与发展。"

人的生存与发展离不开周围人的配合，我们应该善待他人。你不妨在你和狗之间做个实验。你去抚摸它，对它很和气地说话，它就会感激地摆动尾巴。你允许的话，它还会试着舔你的手和脸。假如你喝斥它或是打它，它会畏缩、咆哮，甚至想咬你。人的反应也是如此。不管是什么动机，出于好心的冲动或是对因果规律的认识促使你为别人做了某件事，结果同样是善有善报。

一位哲学家带着他的一群学生去漫游世界。十年间，他们游历了许多国家，拜访了许多有学问的人，现在他们回来了，个个满腹经纶。在进城之前，哲学家在郊外的一片草地上坐下来，对他的学生说："十年游历，你们都已是饱学之士。现在学业就要结束了，我们上最后一课吧！"

弟子们围着哲学家坐了下来，哲学家问："现在我们坐在什么地方？"弟子们答："现在我们坐在旷野里。"哲学家又问："旷野里长着什么？"弟子们说："旷野里长满杂草。"

哲学家说："对，旷野里长满杂草。现在我想知道的是如何除掉这些杂草。"弟子们非常惊愕，他们都没有想到，一直在探讨人生奥妙的哲学家，最后一课问的竟是这么简单的一个问题。

一个弟子首先开口说："老师，只要有铲子就够了。"哲学家点点头。

另一个弟子接着说："用火烧也是很好的一种办法。"哲学家微笑了一下，示意下一位。

第三个弟子说："撒上石灰就会除掉所有的杂草。"

接着第四个弟子说："斩草除根，只要把根挖出来就行了。"

......

等弟子们都讲完了，哲学家站了起来，说："课就上到这里了，你们回去后，按照各自的方法除去一片杂草，一年后再来相聚。"

一年后，他们都来了。不过原来相聚的地方已不再是杂草丛生，它变成了一片长满谷子的庄稼地。

培根说："美德好比宝石，它在朴素背景的衬托下反而更华丽。同样，一个打扮并不华贵，却端庄严肃而有美德的人，是令人肃然起敬的。"一个人的修养决定了他的世界有多大。美德是一杯香茗，是一杯美酒，是一朵芳香四溢的鲜花。美德可以让心灵摆脱痛苦，心灵被美德所占据，烦恼、纷争等便失去了生存的空间，欲望便会枯萎。快乐是美德所结出的硕果，拥有美德，便拥有快乐。如果一个人想要改掉坏的品质，唯一的方法就是用美德去占据它。

自尊自爱，正确认识自己

爱自己，就是要把自己作为爱的对象。这不是让你自以为是，也不是让你自怜自艾，而是要让你懂得自己、接受自己、尊重自己，将目光投射在自己的身体与灵魂之上。

——培根

生活中，往往会有这样一些人。他不能充分认识自己，总是过分贬低自己的能力。只要一有任务交给他，他总是说："我做不好，你还是找别人吧！"或者，当别人有不理解的问题求教于他时，他也总是低下头说："我不知道。"

这是谦虚吗？当然不是，这是自卑的表现。而自卑会严重阻碍人生前进。假如这个人是自卑的，那自卑就会扼杀他的聪明才智，消磨他的意志。而自信的人，不去比较，就会感到满足，也不会因为沾沾自喜而头脑膨胀。这里想要告诉大家的是：那些在"谦逊"掩饰下不求进取的自卑者，需要的是走出无知、落后的阴影，脚踏实地，勇于面对自己。

每个人都有属于自己独特的魅力，但是可能因为性格的因素或者自卑心理，不善于展示自己的魅力。这种缺乏自信的表现，会使人的优点、长处、潜在之美得不到挖掘和展示。而别人也很难从外在表现上做出正确的评价和欣赏。

一个人的成败取决于他是否自信，只有走向自信，才能成功。哪怕曾经自卑过，只要建立足够的自信，并为之而积极努力，最后仍然能够获得成功。

自卑而不怠惰，最后走向成功的例子有很多，最典型的例子就是著名心理学家阿德勒。

阿德勒是个驼背，从小就很自卑，但是，他从自己的自卑开始研究，通过不懈努力，竟然成为了研究"自卑"最成功的人。

阿德勒的理论认为：自卑是人人都有的，生活中所有不完全、不完美的感觉、感受都会形成自卑感，阿德勒称之为"自卑情结"。然而他又说："自卑本身没什么不好，甚至还是获得成功的源泉。"关键是要正确认识自己，接受自己，自尊自爱，学会扬长避短，逐步扩大发展自己的社会兴趣，最终形成健康的生活风格。

史迈利·布兰敦在他的书中写道："适当程度的'自爱'对每一个正常人来说，是很健康的表现。为了从事工作或达到某种目标，适度关心自己是绝对必要的。"是啊，一个能够适度自爱的人，才能够冷静地分析自己，从容地接纳自己，理智地尊重自己。一个人只有学会"爱自己"，才能说他形成了健康成熟的生活方式。

人生真的很奇妙，不管我们是怎样地认定自己，哪怕那种认定是不好的或有害的，最终我们的人生必然会跟着那种认定走。

有一个人参加同学会时，突然被要求谈一些有关最近盛行的海外旅游话题。由于这是他头一次在众人面前讲话，所以话中常有断续和紧张的情况出现。但是同学会结束后，其中有一位老同学却跑来跟他说："你所讲的内容非常有趣，希望今后有机会能再听你演讲。"在被这位老同学恭维之前，他从未想过尝试在公众面前讲话。于是他开始觉得自己并不是那么差劲，对自己的演讲才能多了一份信心。后来，这个人竟然成为企业经营问题的专门演说家了。

亚瑟·吉始博士说："没有两个人的生活遭遇是完全相同的，每个人均有与众不同的生活遭遇。"不错，每个人的人生都是独一无二的。尽管构成人体的基本因素相同，但我们每个人的生命都很奇妙地自成一格，与任何人都不会雷同。

要想使自己更成熟，更有魅力，我们首先得了解并接受这个事实，因为这是我们了解与认识自己的前提，也是我们与他人沟通的基础。

"一个成熟自爱的人，他不会陷入自己的幻想之中，也不会以他人的优点来评判自己。"培根如是说。这样的人，他不会浪费精力去思考自己何处不如他人。比如，他不会去想自己为什么没有汤姆那么优雅，他也不会去想自己为什么没有乔治那么自信，他会把精力放在自我批评、自我修正上面。他会时刻把握自己的目标和动机，然后在追寻的道路上脚踏实地，一丝不苟。这样的人才是懂得自爱的人，他不会盲目地崇拜别人，他也不会虚幻地崇拜自己。

持续不断的自我发现、自我探寻的过程，也正是心灵的成熟过程。

找到生活的真谛

一个人如能在心中充满对人类的博爱，行为遵循崇高的道德律，永远围绕着真理的枢轴而转动，那么他虽在人间也就等于生活在天堂中了。

——培根

一个自私的人，他是永远不可能学会如何关爱自己，热爱生活的。虽然他事事从自己的利益出发，处处为自己的利益考虑，但是他所追求的都是欲望膨胀后的物质财富，而这只会使他处于疲于奔命、苦于应付的无力虚弱的状态之中。一个自私的人的欲壑是难填的，他不会因为物质的满足而品尝到心灵真正的喜悦与放松。因为，一个自私的人除了紧盯财富之外，他不会注意到生活中真正的精彩。

培根说："在生活中，大多数人是自私的，人们很容易就蒙蔽了自己的灵魂，沉迷于物质财富的追求之中。除非一声晴天霹雳将其惊醒，否则人们很难幡然醒悟。"他的这个观点在美国作家谢里尔·理查森的著作《为你的生活花点时间：理想生活七步》中得到了很好的验证。

"那是1984年12月一个寒冬的早上，我听到了一个足以改变我一生的坏消息。大约6点左右，我的母亲打电话给我。在电话的那头，母亲哭着告诉我，我们的家业毁了，毁在了一场突如其来的大火中。我赶紧开车赶回家里。赶到家时，我看到消防员正在全力抢救，而我的父亲则坐在一个阶梯上泪流满面。大火仍在肆虐，而我的艺术品、家具、办公设备等业已被大火烧尽。

"这时，我突然觉得之前的生活是多么的没有意义。我亲身体会到，生活是如此的不堪一击，而我们关注怎样度过一生，又是多么的重要。这次劫难，迫使我回顾了以前的生活。尽管家乡的人们觉得我取得了成功，可是我并不快乐。我的工作压力很大，时间很长，而且强度很高。我觉得自己以前的生活就是不断地工作、工作，除此之外，就没有别的可以引起自己回忆的。我把自己的时间留给了客户、生意伙伴，我总是尽量满足别人的需求，而我自己的需求却被自己遗忘了。是的，我取得了金钱、地位。可是，在面对这场火灾的一刹那，我突然发现了自己内心中真正的渴求——我需要快乐。

"我需要放慢自己的节奏，好好地回想一下自己的生活。我应该认真地扪心自问，什么样的生活才是我真正想要的。"

为什么一个人只有经历了灾难、危机才会重新审视生命的意义，才会重新认识生活的真谛？为什么我们不可以一开始就全身心地投入到生活之中？

或许，太多人把物质的追求误认为是生活的全部，以致他们会认为只有物质上的富足，才能达到生活中的幸福。他们总是在说："如果我有多少钱，我就会去做什么事情""如果我达到了什么位置，我就会实现自己从前的梦想"……结果，这些人大部分陷入生活的悖论之中，他们越是拼命追求，越是清楚地感受到内心的痛苦。

大部分人误以为金钱是幸福的象征。也许你正羡慕着别人的洋房、洋车以及手里大把大把的钞票。但太多的例子证明，钱并不能使人感到最大的幸福。你可以用钱买来舒适的床铺，但买不来良好的睡眠；可以用钱买来高档的化妆品，但买不来美丽；可以用钱买来漂亮的房子，但买不来幸福的家；可以用钱买来昂贵的保健品，但买不来健康。

当满大街的人都号称"不知道物质是否推动世界前进，起码它一直在推动我前进"的时候，社会越来越呼唤人本性的回归，呼唤人性中的美德。

美德是心灵的健康剂，它让人有一颗平常心，有一颗爱心。拥有了美德，我们便不会与人争名夺利，凭空与人起纷争，便不会为一丝小利而烦恼。尼采说："美德本身就是报酬，它能给人们带来最高尚而真实的快乐。在美德的磨刀石上，我们爱心的刀刃会更加锋利。"但不可否认，在讲求效率和功利的现代社会，我们应该在自己的心灵中为美德留下一片空间，让美德帮我们清除心灵的垃圾。不能物质生活丰富了，而心灵却贫乏了。不为物质所累、追求淡泊人生，使人如听箫音般袅袅悠扬。你会随之远离这个混乱的尘世，步入宁静的天宇，淡泊名利，无争无夺，一切自然而脱俗。

少一些抱怨，多一些赞美

> 如果你考虑两遍以后再说，那你说得一定比原来好一倍。
>
> ——培根

在社会中生存是需要沟通、交流的，人与人之间交流思想、沟通感情最直接、最方便的途径就是语言。语言作为一门艺术，具有巨大的美感与魅力。它能缔造友情、密切亲情、寻觅伴侣、调和关系等，是人际交往中最不可缺少的工具，更是连接人们之间关系的纽带。语言的运用质量，直接决定了人际关系的和谐与否，进而会影响到事业的发展以及人生的幸福。一个人若能拥有卓越的口才、懂得说话的技巧，不仅会拥有一个幸福的家庭，更会拥有美好的前程。

每个人说话的效果都会千差万别，原因在于说话的方法，说话能力的差异，也就是说话水平的高低。在今天这样的文明时代，探讨学问、接洽事务、交际应酬、传递情感等都离不开口才。要想成为一个受欢迎的人，就得会说话、有口才。

哈佛大学曾经做出过这样一则实验：他们对25年前"出类拔萃"的"天之骄子"们进行了跟踪调查，结果显示，在25年间，那些只会一味地抱怨社会、指责他人的毕业生到如今，生活不仅漫无目标，人生还不尽如人意。有的人喜欢收集古董，收集邮票或者电话卡，而有的人却喜欢收集别人的短处，收集对别人的指责和怨恨，他们在心底里收藏着，就像宝物似的，受到伤害的每一个瞬间都牢牢地记在心里。他们的生活并没有因为自己的收集变得丰富多彩，而是变得苦不堪言，何必呢？实际上，在你对别人的错误念念不忘的时候，在你不断指责别人的时候，自己的心情也会随之变得很糟糕。所以培根这样断言："只有低情商的人才钟情于这种指责他人的游戏，而情商高的人都有一颗宽以待人的心。"

卡琳娜认为自己对待学生们很好，对他们的要求很严格，谁有了错误，她都是毫不留情地给予批评，但效果并没有像她希望的那样。并且，在学校里，孩子们都认为卡琳娜是一个严厉的老师，他们一见到她就变得内向拘谨，甚至不愿与她交谈。这并不是卡琳娜想要的局面，其实她都是一片好心啊！

为此，卡琳娜总是感觉自己像一个垂头丧气的失败者，并渐渐地没有信心做好自己的工作了，生活也显得异常沉闷。

直到有一天，她突发奇想，决定做一个实验。一大早上班，卡琳娜就换了一套颜色鲜艳的衣服，穿上显得很活泼。当卡琳娜走在通往教室的小路上时，也没有忘记把自己脸上的微笑显现出来，同时，她还在盘算着这个实验。

就在她聚精会神地盘算的时候，突然从后面飞过来一个皮球，重重地打在她的后背上，吓得她差点蹦起来。她回过头一看，学生杰克正在惶恐地从地上捡起球，站在她的面前吓傻了一般。

如果是昨天发生这件事，卡琳娜一定会狠狠地训斥他的，但是今天不同，卡琳娜想到自己今天要做的实验，便耸耸肩，做了一个轻松的动作，杰克见状，便道了声对不起跑开了。

卡琳娜在课堂上，并没有像从前一样严格。她没有过多地指正学生们的坐姿是否端正、注意力是否集中、回答问题是否正确，她甚至出人意料地没有批评未按时交作业的捣蛋鬼麦克，而只是微笑着让他一定补上。一整天她都在用乐观宽容的心态与大家相处。

放学时，一向羞涩的琼对她说："老师，你今天真漂亮啊！"

卡琳娜从来没有像今天这样感到由衷的愉快和有信心，她的学生们似乎也可爱极了，听话极了，他们回答问题时注意力集中，反应也很灵敏。

这个世界上没有十全十美的人，即便是圣人也有犯错误的时候。如果一个人不能宽容别人的错误，自然就会对对方心存怨恨，而仇恨只会让人情绪低落，甚至生活在黑暗里。

只有不斤斤计较，懂得宽恕的人，别人才能悦纳他。当你和别人的关系处理不好，或者和别人发生矛盾时，不要一味地指责别人，怨恨别人，而要反省自己的言行是否有不妥的地方，是否对别人造成了伤害。时存自省之心，心地必然宽敞。

有人不小心摔倒在一家商店干净的木地板上，手中的奶油蛋糕弄脏了商店的地板，他非常抱歉地想请求老板原谅，不料老板却说："真对不起，我代表我们的地板向你致歉，它太喜欢吃你的蛋糕了！"这个人被老板的热心打动，很开心地笑了，于是"投桃报李"，买了好几样东西后才离开了这家商店。

抱怨、生气、愤怒、指责是不良的心态，可是人们总是动不动就会产生这样的负面情绪。在生活中，发几句牢骚本来是一种宣泄情绪的方式，可是如果让这些负面情绪成为生活的常态和固定的模式，只会加剧人与人之间的矛盾，而一个浅浅的微笑，一句简单的赞美却能解决人际关系中的大问题。因此培根认为："对于愤怒，必须在程度和时间上同时予以控制。"

赞美是一种说话艺术，正确运用这门艺术，会使被赞美者心情愉快，而作为赞美者自己，也会从中感到快乐和幸福。

遇事多宽容，设身处地多为别人着想，不可以斤斤计较。人与人交往难免有个言差语错，或你长我短，这时候，如果你能如培根所说，多考虑几遍，注意自己的言词，好好说话，多说好话，不借题发挥，不闹矛盾、扩大事端，那你必定会拥有一个良好的人际关系。

成功，从仪表开始

> 礼节要举动自然才显得高贵。假如表面上过于做作，那就丢失了应有的价值。
>
> ——培根

艾塞克斯伯爵在第二次远征西班牙之前，曾去信寻求培根的建议，培根在回信中写道："尽最大的努力来修饰自己的仪表，如果你能够时刻保持外表的整洁，保护自己的尊严不受侵犯，那么即使在最不利的情况下，你都可以保持一定的风度，进而使自己拥有高贵的气质、无穷的力量和惊人的吸引力，而这些都会为你赢得他人的尊重与敬佩。"为了让伯爵得到女王的宠爱，培根特别嘱咐不拘小节的伯爵要注意小事，在举止、服饰、姿态等生活细节方面万万不可忽视。可惜的是，培根的建议完全不合这位伯爵的禀性，在这点上，聪明的培根却没有意识到自己是在对牛弹琴。艾塞克斯伯爵没有听取培根的建议，加上他统帅的耗费巨大的远征活动毫无结果，甚至差一点导致西班牙舰队乘虚而入，因此遭致女王的大为不满。

从培根的经历看，他是非常注重外表的人。对于在社会上拼搏的人来说，我们需要重视自己的着装。而对于着装最好的建议莫过于这样一句话："使你的衣着好看，但不要过于华丽。"简约往往是服装最吸引人的地方。对于现在的人来说，每个人都可以买到适合自己的服装，因为现今的服装品种繁多且价格多样。即使自己无法拥有一套合适服装，我们也不必因为衣着寒酸而羞愧，因为你穿着的服装是通过你的劳动获得的，而不是嗟来之食。因此，你理应受到和其他人一样的尊重。重要的不在于衣着是否寒酸，而在于衣着是否邋遢。如果你的衣着邋遢的话，那你就要为此负上全部的责任了。只要你在自己的经济范围内来穿着打扮，那么不管你看起来多么的寒酸，你的着装也是得体的、值得尊重的。

苏珊正在北美某大学攻读硕士学位，还有不到一年时间就毕业了。随着毕业期限的临近，苏珊的就业压力越来越大，因为当时正逢经济萧条时期，很难找到一份好工作。

苏珊一贯注重个人形象。每次在出门前，她总是按照场合的不同对自己进行精心地装扮，特别是和人第一次接触，她非常注重给人留下良好的第一印象。

在一次专业学术会议中，苏珊保持着一贯的典雅装扮。在会议上，她举止大方，脸上时时不失微笑。在和别人交流的时候，她努力采用高度职业化的自我展示能力和流利的英语对话。苏珊的表现给一位跨国公司老总留下了深刻的印象，这位政治家出身、实力强大的加拿大老总回去后，随即让人事部门接触苏珊，问她能不能在毕业后到他旗下的美国分公司工作。当然，他会给予苏珊博士生待遇的工资和广阔的升职空间。

对于这样的好事，苏珊当然乐于接受。就这样，还没有毕业的苏珊就被一家大公司给"预定"了。多么幸运的苏珊呀！

她运用自己留下的"第一印象"的金钥匙，打开了她事业的大门。

事实上，绝大多数大公司都有这样的规定：不聘用那些看起来灰头土脸、邋里邋遢或者不注重个人形象的求职者。一位在芝加哥最大的零售商店负责人事招聘的工作人员说："尽管我们对每一份求职申请都严格按照规定进行审核，但是影响求职者是否被录用的关键一点，还在于他们各自的个性。"

一个人的仪表将会反映出一个人的内心，因此，我们要十分注重自己的着装，务必使其与自己的个性相得益彰。所以培根说："无论一个求职者多么有才华，有能力，他都不能在个人形象这一重要方面出现纰漏。有时候，很可能注重形象但能力有限的人得到了相应的职位，而那些才华横溢但不修边幅的人却惨遭淘汰。"

其实，招聘中关于服装的规定在很多地方都是盛行的，甚至是根深蒂固的，因为很多雇主从日常的工作中都发现了着装与个人品质之间的关系。伦敦服装商的记录中就曾提到这一现象："那些注重个人形象，衣服整洁的人，在工作时也会表现得格外细致，对产品的外观也会特别在意。而那些生活邋遢的人，他们生产出的产品也会和他们本人一样杂乱无章。在店面柜台上发生的情况与在车间中发生的情况是一致的。漂亮的售货员小姐往往十分重视自己的着装，对于那些领口肮脏、袖口破损的衣服，颜色褪去的领带，她们绝不会穿着与佩戴。由此可见，个人的生活习惯以及对自己仪表的关注往往会反映出一个人的工作状态。"

所有那些想通过自己的努力过上幸福生活、赢得自尊的年轻男女，你们绝对不能忽视着装对你们前途的影响。因为，"一个人的性格通过他的着装就可以看出来。"衣着整洁往往显示着一个人优雅和轻松的心态，而邋遢的服饰则会让人觉得此人处于一种焦虑或者愤世嫉俗的心境中。毫无疑问，我们的衣着往往会对我们的心情和自尊产生影响。培根说："注重穿着整洁的意识本来就是道德力量的源泉，仅次于清白的良心。熨烫很好的衣领和崭新的手套已经让很多人在危急时刻渡过了难关。如果衣着出现一些褶皱或者撕裂的话，那么他们很有可能遭到失败？"

对于穿着得体的男士、女士来说，注意细节是十分重要的，也是必须做到的。让我们来看下面的这个故事。

为了让一些女孩子有机会接受良好的英语教育，并学会自食其力，一位富于爱心且非常富有的夫人开办了一所工业学校。此刻，她需要招聘一位老师兼监管人员。这时，机构的托管人向她推荐了一位年轻的女士。这位女士不论是自己的能力、学识，还是行为举止都得到了大家的极力称赞，因此，这位夫人认为如果能得到这位年轻的女士，不但是自己的荣幸，更是这所学校的福音。

这位女士被告知马上去见该校的创办者，即这位夫人。但是，在见面之后，这位夫人却没有录用这位年轻的女士，而且没有给出任何拒绝的理由。

过了很久，这位夫人的一位朋友向她询问这件事情，问她为什么没有给那位年轻的女士看似最适合她的职位，因为这件事情看起来让人十分费解。这位夫人回答到："她之所以被拒绝只是因为一件小事。但是，在古埃及的象形文字中，一件小事包含着众多的意思。那位年轻女士来见我时，穿得十分时髦、华丽，但是她的手套却十分破旧、肮脏，并且鞋子上一半的扣子都没有扣好。一个不修边幅的女性怎么能够做女孩子的导师呢？"

可能这位年轻的女士永远都不会知道她为什么没有得到这个工作。事实上，她在各个方面都是非常十分优秀的，除了自己没有注意着装时的细节问题。

着装不仅反映了一个人的性格，还反映出一个人对待生活的态度。即使你穿的不是最名贵的衣服，不是最时髦的衣服，只要你能够做到衣着整洁，你也同样可以获得他人的尊敬与好感。相反，如果你衣着邋遢，即使你穿着世界上最美丽的服装，也不可能给人以美感，只能让人觉得衣服穿在你的身上是在暴殄天物。对于年轻人来说，我们不仅要注意提高自己的修养，还要注意自己的穿着，因为这同样影响着我们今后的事业与生活。

成功的外表总能吸引人们的注意力，当然，有影响力的外表包含着一种能力，是自信心和创造力的完美体现。

良好的仪表是建立成功形象的第一步。好的仪表不仅能够给你带来自信，也能给别人带来审美的愉悦。衣着是一种无声的语言，不但能给对方留下一定的美感，还能反映出你个人的气质、性格和内心世界。仪表对人的影响非常大，大多数人对一个人的认识，可以说是从其仪表开始的。

做一个大度的"世界公民"

> 天性好比种子，它既能长成香花，也可能长成毒
> 草，所以人应当时时检查，以培养前者而拔除后者。
>
> ——培根

在培根看来，人要成大事，就一定要有开阔的胸怀，只有养成了坦然面对、包容一些人和事的习惯，才会在将来取得事业上的成功与辉煌。他说："面对别人的缺点，宽容、忍让和与人为善是必不可少的。"

洛克菲勒就是一位懂得包容和理解别人的人。

年轻的洛克菲勒空闲的时间很少，所以他总是将一个可以收缩的运动器——就是一种手拉的弹簧，可以闲时挂在墙上用手拉扯——放在随身的袋子里。有一天，他到自己的一个分行里去，这里的人都不认识他。他说要见经理。

有一个神色傲慢的职员见了这个衣着随便的年轻人，便回答说："经理很忙。"

洛克菲勒便说："没关系，我可以等一等。"当时客厅里没有别人，他看见墙上有一个适当的钩子，洛克菲勒便把那运动器拿出来，很起劲地拉着。弹簧的声音打搅了那个职员，于是那个职员气愤地瞪着洛克菲勒，冲着他大声吼道："喂，

你以为这里是什么地方啊，这里不是健身房。赶快把东西收起来，否则就出去。懂了吗？"

"好，那我就收起来。"洛克菲勒和颜悦色地回答着。十分钟后，经理来了，很客气地请他进去坐。

过了一会儿，经理出来了，职员在一旁看见经理毕恭毕敬的样子，才知道眼前的这个人是谁，那个职员觉得他在这里的前程肯定是断送了。洛克菲勒临走的时候，还客气地和他点了点头，而他则是一副不知所措的惶恐样子。他觉得在这个周末的时候，他一定会被辞退回家。

但事实上，什么情况也没有发生。洛克菲勒并没有把这件事放在心上。

宽大的胸襟不是任何人都有的。

我们每个人都应该认识到，通过包容和忍让来获得别人的好感是非常重要的。"我们惩罚别人，每每是因为一种愚蠢的自傲心在背后作祟。"培根这句话指出了不宽容的根源。容忍别人的缺点就是对别人的尊重，同时，你也将赢得别人的尊重。

著名科学家法拉第，不但以其科学成就名扬四海，而且在工作生活中也是一位受人尊敬的导师。他的助手在评价法拉第时，认为他不仅聪明绝顶，科学业绩硕果累累，而且始终能容忍别人的缺点和不足。

德塞起初只懂得一些基础知识，一个偶然的机会结识了法拉第，并做了他的助手。由于德塞先生知识不足，又很粗心，经常犯一些小错误。他自己都说："每一次我做错事后，总以为法拉第先生要对我发火，但每次他都耐心地教导我，告诉我争取下一次不再犯同样的错误。"

德塞自从做了法拉第的助手以后，就没有再更换工作。尽管这位助手经常因为缺点犯一些小错误，但法拉第从来没有提出更换助手，而是对德塞大加赞赏。他说："这个年轻人真的不错，当初他的能力不怎么样，经过长时间的学习与锻炼，现在已经博学多才了。我想，我再也找不到像他这样得力的助手。"接着，法拉第先生又说，"我也有缺点，我是与德塞共勉。"德塞对法拉第给予他的评价感到非常高兴，他更加努力学习，在他一生中，也有一些不小的发明。而法拉第在审视自己的成绩时，说："我成功的一半，离不开我的助手德塞先生。"

试想一下，如果法拉第先生不能容忍德塞经常犯错误这一缺点，德塞不可能永远做他的助手，更不可能在科学探索上也取得成绩。

我们都有缺点，我们可以推心置腹地想一想，假如自己的缺点不能被别人容忍会有什么样的结果，对自己的影响有多大。这样，我们就能找到容忍别人的缺点的理由。

一个不能容忍别人缺点的人，不可能拥有真正的朋友，而他的人生也难以成功。要改变人生，就要赢得朋友的支持。所以，在面对别人的缺点时，要尽量多一份容忍与理解。

另外，在我们懂得宽容别人之后，也应该多给自己一点点宽容，让自己在宽容里成长。当我们能力不足时，告诉自己："不要紧，再努力就可以了。"当我们犯了不该犯的错误时，告诉自己："人生难免犯错，努力改正就对了。"就如英国戏剧作家莎士比亚所说的那样："聪明的人永远不会坐在那里为他们的损失而悲伤，却会很高兴地去找出办法来弥补他们的创伤。"我们不能对自己太苛责，那样会使自己陷入颓废，以至于不能自拔。多给自己一点宽容，会增强你的自信心。

在《论善与性善》中还有这样一段话："如果一个人对待异乡人温和而有礼，那就足见他是个'世界的公民'，他的心不是一个与别的陆地隔绝的岛屿，而是一个与那些陆地接连的大洲。若是他对别人的痛苦灾难很是同情，那就是表明他的心有如那棵要疗他人之伤而自己受割的珍贵的树木。若是他对于别人的过恶很容易宽宥不究，那就足见他的心智是种植在超越伤害的地方的，所以他是伤害所不能及的。若是他对于小惠很感谢，那就表明他重视人们的心而不重视他们的钱。"

高情商的人不仅懂得宽容别人，也懂得宽容自己。有些人，在自己犯了错之后，总是喜欢自责，骂自己做得不够好、太笨、太懒惰、太胆怯。可是，再多的内疚都是于事无补的，事情没有做好，问题没有解决，消极情绪是解决不了问题的。多给自己一些宽容，就不会因为错误而感到自卑，也不会因此而缺乏自信心，影响到对人生与事业的追求。因此对于那些因为一点小失误就对自己缺乏信任从而萎靡的人来说，"假如能多给自己一点宽容，情况就会得到改观。"

宽容是一种修养，一种境界，一种美德，一种非凡的气度。宽容是对人、对事的包容和接纳，是精神的成熟，是心灵的丰盈。宽容是一种仁爱的光芒，无上的福分，是对别人的释怀，也是对自己的善待。动辄出口伤人的人情商都很低，眼里容不得沙子的人不会看得太远，他们的生活也注定会充满灰暗。

待人宽厚、懂得谦让，不仅有利于个人的身心健康，而且能使人与人之间的关系更加宽松、和谐、融洽、亲密。宽厚谦让能促进人形成胸怀大度的高尚品德。俗语说得好，待人和接物，礼貌又谦让。人敬我一尺，我敬人一丈。如果用宽容之心缓解矛盾、平息事态，这不是懦弱，而是理智的行为，是有涵养的表现。宽容地面对他人，面对人生，才会使自己拥有一个平静从容的生活，才能使自己活得更洒脱。

别让猜忌、嫉妒、虚荣害了你

一个人孤陋寡闻就容易疑神疑鬼。

——培根

培根认为，在人类的各种情感中，爱与妒是最容易令人入魔的，它们都能激发出强烈的欲望，使人产生联想。猜疑、虚荣和嫉妒，可以说是人心态上的三大心魔。

多疑的心态常常令人缺少安全感，会无事生非，庸人自扰，不仅给别人带来痛苦，也给自己的心灵增加不必要的枷锁。

一个有修养的人，应该是对自己和别人充满自信和信任的，不怀疑自己，也不怀疑别人，不会用怀疑给自己增加烦恼，也不会用怀疑去破坏人际关系和友谊。

虚荣心会令人们迷失自我，在一切诱惑面前低头。虚荣心强烈的人是可怕的，被虚荣心驱使心灵，会让人的修养和品德渐渐消失，取而代之的是无休止的争夺、攀比甚至为虚荣心付出惨重的代价。

的确，在现实生活中，猜疑、嫉妒、虚荣是非常可怕的。比如几个人同时为同一个目标奋斗，有人走在了前面，你就开始想：我是没有努力去做，如果努力，一定做得比他好。后来，目标达到了，走在前面的人得到了嘉奖，此时你会觉得：

他拼命地去做原来是为了这些，他不是有能力吗？好吧，那所有的事都交给他去做吧，我不干了！

你真的不干了吗？如果是真的，你就陷入了惰性的温床。

1860年大选结束后几个星期，有位叫巴恩的大银行家看见参议员萨蒙·蔡斯从林肯的办公室走出来，就对林肯说："你不要将此人选入你的内阁。"

林肯问："你为什么这样说？"

巴恩答："因为他认为他比你伟大得多。"

"哦，"林肯说，"你还知道有谁认为自己比我要伟大？"

"不知道了。"巴恩说，"不过，你为什么要这样问？"

林肯回答："因为我要把他们全都收入我的内阁。"

后来的事实证明，这位银行家的话是有根据的，蔡斯的确是个狂态十足的家伙。不过，蔡斯也的确是个大能人，林肯十分器重他，任命他为财政部长，并尽力与他减少摩擦。蔡斯狂热地追求最高领导权，而且嫉妒心极重。他本想入主白宫，却被林肯"挤"了，他不得已而求其次，想当国务卿，林肯却任命了西华德，他只好坐第三把交椅，因而怀恨在心，激愤难已。

一天，《纽约时报》的主编亨利·雷蒙特来见林肯。当他谈到蔡斯正在狂热地追求总统职位的时候，林肯给他讲了一个小故事。

　　林肯以他那特有的幽默神情讲道："雷蒙特，你不是在农村长大的吗？那么你一定知道什么是马蝇了。有一天我和我的兄弟在肯塔基老家的一个农场犁玉米地，我吆喝马，他扶犁。这匹马很懒，但有一段时间它却在地里跑得飞快，连我这双长腿都差点跟不上。到了地头，我发现有一只很大的马蝇在它身上，于是就把马蝇打落了。我的兄弟问我为什么要打掉它。我回答说，我不忍心让这匹马那样被咬。我的兄弟说：'哎呀，正是这家伙才使得马跑起来的嘛！'"然后，林肯意味深长地说，"如果现在有一只叫'总统欲'的马蝇正叮着蔡斯先生，那么只要它能使蔡斯不停地跑，我就不想去打落它。"

　　故事至少有两点深刻的道理：一是总统没有去嫉妒能力比他强的人，而是善于从他身上吸取长处，弥补自己的短处；二是"总统欲"极强的人也没有嫉妒，而是时刻鞭策自己攀升到一个更高的目标。如果这两个人中的一个采取了另类的嫉妒方式：你不是有能力吗？那就都交给你去干吧，那么他的结局必然是：消沉——惰性——平庸。

　　嫉妒心会让人从可爱变成可憎。如果要做一个有修养的人，就不应让嫉妒占据心灵。嫉妒会让彼此友好的朋友变成敌人，常怀嫉妒心的人，人际关系也一定不会和谐。

　　培根认为嫉妒是一种最纠缠不休的情感，而猜疑则是缺乏学识的表现。他说："一个人孤陋寡闻就容易疑神疑鬼，因此人们应该用博闻广见来解除疑心，而不是一味将它闷在心里。"对于虚荣他也是不屑一顾。

培根在《论荣誉》中这样写道："当一个人获得了某种荣耀的时候，尤其是那种得来不易、经过了自己的不断努力才获得的荣耀，高兴的心情自然不用多描述了。但是当我们手捧着鲜花，听着别人的溢美之词的时候，一定不能忘乎所以，要知道那些荣耀都是别人给的。"获得荣耀的确是人生的大喜事，但我们不能在这份荣耀里忘乎所以，更不能将此作为骄傲的资本，用来炫耀和显摆，以此来满足自己的虚荣心。

在《论古人的智慧》一书中，培根选取了31个古希腊诗人的神话故事，进行阐述和挖掘。他认为，这些神话故事虽由古希腊诗人吟唱出来，却不羁于他们和他们的时代，而是远古智慧的回响。培根同时认定这些神话、寓言传达的实际上是古人的哲学思想，其中他选了这样一个寓言。

秋天来了，树上的叶子一天比一天稀少，天气也逐渐凉下来。一只蝙蝠在飞来飞去，它哭着说冷。鸟中之王——鹰看见了它。

"你为什么哭啊，蝙蝠？"老鹰问道。

"因为我冷。"

"为什么别的鸟不哭呢？"

　　"它们不冷，因为它们都有羽毛。可是我连一根羽毛也没有。"

　　老鹰考虑了一下，觉得蝙蝠一片羽毛也没有，确实可怜，于是就让所有的鸟各给蝙蝠一片羽毛。蝙蝠有了各种鸟儿的羽毛后，显得漂亮极了，每片羽毛颜色都不一样。蝙蝠把翅膀张开时，真叫人眼花缭乱。

　　蝙蝠因为有了这五彩缤纷的羽毛而骄傲起来，每天都欣赏自己的羽毛，不理睬别的鸟儿。它老是自我陶醉着：瞧我有多漂亮！

　　鸟儿都飞到它们的国王老鹰那里去，愤愤不平，向它告状说蝙蝠因为有别人给它的羽毛而自夸，跟别的鸟儿连话都不愿意说。国王老鹰把蝙蝠叫了过来。

　　"所有的鸟都在告你的状，蝙蝠！"老鹰对它说，"听说你拿它们的羽毛来自夸，骄傲得连话都不愿同它们说了，是真的吗？"

　　蝙蝠说："它们是出于妒忌才说的，因为我比所有的鸟都漂亮得多。你瞧一瞧，自己判断吧！"蝙蝠张开两扇翅膀，也的的确确很美丽。

　　"那么好吧！"老鹰说，"如今让每只鸟把原来给你的那片羽毛收回去，既然你这么漂亮，就用不着要别人的羽毛了。"

　　所有的鸟都扑向蝙蝠，把自己的那片羽毛取了回来。蝙蝠又跟原来一样光秃秃的了。它感到羞耻。从这个时候起，它老是害羞，总是夜间才飞出来，免得别的鸟看见它。

没有自知之明的人，一味地炫耀自己侥幸得到的荣耀，只能得到失败的苦果。对于一些虚无缥缈的东西，哪怕是真正自己获得的荣誉，也最好放在内心自己欣赏，而绝不可当众夸耀自己。那些荣誉都是别人给你的，别人既然能给你，也就能够收回。所以，不要在别人给的荣耀前乐得翘尾巴，这不仅是一种缺乏修养的表现，更是处世做人的一大忌讳。

第六章

培根谈生活本质：拒绝碌碌无为的生活

在生活中，有些人不断的困惑，不知道自己为谁而活，其实这是很简单的问题，你应该首先为你自己而活，因为你要明白自己就是生活的主宰、命运的主人。

做好自己擅长的事

> 人要相信自己，因为在这个世界上，每个人都是独一无二的。所以，要知道，每个人都能做到自己力所能及的事情。
>
> ——培根

每个人都梦想成就辉煌，希望才华获得赏识，能力获得肯定，在这种想法下，很多人都走入了成功的误区。他们不顾自身能力的局限，去做些力所不及的事，最终这些人只能一事无成。这些人应该认真听取培根的这句良言："凡事都应该量力而行，做你最擅长、最喜欢、最有把握的事，你才能够走向成功。"

1603年3月，女王去世。伟大的伊丽莎白时代结束了。詹姆斯即位后，培根又满怀信心地开始了向仕途的进军。但培根知道，詹姆斯是一个喜欢以学者自居的人，而且素有敬重学者的名声。于是，培根一封接一封地给那些能够接近和影响国王的人写信求助。他给罗伯特·塞西尔写信，给他哥哥当年的好友写信，给一切他认为有用的人写信，甚至给当年曾在艾塞克斯案中受到审判和关押而后被新王朝重新起用的人写信。经过一番积极的活动之后，培根便开始了满怀希望的等待，然而结果令他大失所望，新王朝不仅没有给他任何官职，甚至连他过去担任的国王特别法律顾问的职务也在新名单中被勾掉了。

　　这回培根是彻底绝望了。想通过仕途高位来实现自己人生理想的打算已经很不现实。年过四旬的培根开始清醒了，本来他求取高位的目的之一是使权力为自己的学术理想服务，现在官职未得，时间却在无情地消耗着。再这样下去，自己人生的首要目标就要落空了。手段本是为目的服务的，现在手段已经妨碍了目的，还是搁下手段，先回到目的上来吧。在1603年写的《关于自然解释的序言》中，培根说："我的一生已经到了一个转折点，我不良的健康提醒我不能再延迟了，同时我考虑到把我自己所能做的好事放下不做，而从事于没有别人的帮助和同意便不能做的一种工作，这实在不能说是我所肩负的义务，于是我把前面所说的一切想法都放在一边，而遵照我的决心，以全副精神来从事目前这件工作。"这段文字表明，培根似乎已经下定了不再钻营仕途的决心，而要全力以赴地开始他的学术研究和著述活动了。

　　要改变自己的现状，要让自己更有自信，要让自己做事更有成效，我们就必须做出更好的决定，采取更好的行动。做你自己喜欢做的事情，其实是很困难的。大多数人都在做他们讨厌的工作，却又必须逼迫自己把讨厌的事情做到最好。他们经常失去动力，时常遇到事业的瓶颈，而没有办法突破，他们不断地征求别人的意见，却还是照着一般的生存方式在进行。凡事没有进展，原地踏步，这些当然不是他们想要的，但是由于种种原因，他们当中却很少有人试着去改变自己的生存方式。其实，要找到自己真正喜欢的工作，只需要把自己认为理想和完美的工作条件列出来就一目了然了。看看下面这位颇有名气的心理学专家在叙说寻找自己最喜欢做的事情时的经历就明白了。

运动和数学一直是奥瓦尔很喜欢做的两件事。从小到大，奥瓦尔一直是运动健将，不仅担任过体育组长和篮球、乒乓球队长，也是校田径队的杰出运动员，奥瓦尔曾经想过要把兴趣发展成职业，也曾经梦想成为张德培第二。

奥瓦尔不断地问自己：这些真的是自己想要的吗？愿意把运动当成自己一辈子的终生事业吗？后来奥瓦尔告诉自己：靠体力过生活，并不是自己真正喜欢的生活，虽然自己非常喜欢运动。

在高中和大学的时候，奥瓦尔的数学成绩一直都是名列前茅的，他也曾经想过，要当一位数学教授。

奥瓦尔发现，当一位数学教授并不能达到他理想的工作条件，于是他又开始寻找另一个可以当成他终生事业的工作。

　　17岁的时候，奥瓦尔接触了汽车销售业。因为他很喜欢车子，他想自己应该可以做得不错。可真正进入这个行业之后，他发现他的个性似乎并不适合这份工作，于是他又转行了。从16岁到21岁，奥瓦尔陆陆续续换了18种不同的工作，可是每次换工作之前，他从来都没有仔细想过："我到底要的是什么？"直到他把那些理想和完美的工作条件列出来。

　　后来奥瓦尔发现，自己有一个特点，就是从小到大一直很热心，很喜欢帮助别人，同学数学不会，他很喜欢教他；别人篮球打得不好，他会自告奋勇地过去教他。因为奥瓦尔相信，只要自己可以，别人一定也做得到。

　　一个很偶然的机会，奥瓦尔参加了一个激发心灵潜力的课程，它给了他非常大的震撼。奥瓦尔发现，自己上了那么多的课程，学习了那么多的资讯，却没有任何一个课程比得上他的老师安东尼·罗宾在短短的8个小时当中所分享给他的那么多。

　　奥瓦尔想，假如他以后也能把一些真正对人们有帮助的资讯，不管用何种渠道，书籍也好，录音带也好，或是录像带也好，都能够分享给想要获得这些资讯的人，那该有多好！奥瓦尔发现，这个工作完全符合他所列出来各种理想和完美的工作条件。当他了解到这件事以后，他知道，这就是他毕生所寻找的方向。

奥瓦尔曾经听他的老师这样说过："世界上的每一项工作都很好，但是，没有任何一项工作，比他目前所做的更有意义。"这句话让奥瓦尔克决定一辈子做这件有意义的事情。经过了七八年的坚持，他终于在这个行业崭露头角，可以让更多的人得到非常具体的帮助。而他个人，不管是在心灵的重整上，或是自信心的培养上，或是业绩的突破上，或是管理思想的转变上，都有了非常显著的改变。

以前，奥瓦尔一直把赚钱当成非常重要的目标，后来他才发现，赚钱并不是全部，也不是绝对。

赚钱固然重要，但是，奥瓦尔现在一心一意只想把所有精力放在如何提升自己，如何提高工作品质，如何提供更多、更有价值的服务来帮助更多想要拯救自己的人、想要更上一层楼的伙伴们身上。每当奥瓦尔发现，一个人不再自我成长，觉得自己没有什么可以学习的时候，他就为他感到非常可悲。

连世界最顶尖的人，都还是那么谦虚，那么努力地想要成长。他们已经是全世界最棒的，却还在不断地学习如何再进步，那我们又有什么可以偷懒的理由呢？

先设定一个小目标

一个正在顺着生活规律挺进的青年，首先应注意
自己的才能和愿望与事业相衡。

——培根

生活中有两类人：一种是非常清楚自己该做什么的人，
另一种是糊里糊涂不知怎样打发日子的人。在现实中，有很多
的人都属于后面一种人。他们心中没有明确的目标，虽胸怀不
满、努力奋争，但最终仍是一事无成。

狄德罗说："没有目的，就做不成任何事；目的渺小，就
做不成任何的大事。"目标是我们的导航灯，没有它我们就会
变得一片茫然。如果你想早一点到达事业的巅峰，就一定要给
自己制定一个目标。当然，目标的制定一定要科学，即不能太
高，也不能太低。太高了达不到就会挫伤我们的积极性；太低
了又难以激发出我们体内的潜能。

培根是一位经历了诸多磨难的贵族子弟，他先后担任过
法院院长、检察长、掌玺大臣等，还被封男爵、子爵等贵族尊
号，但最终却被国会指控贪污受贿，被罚终生逐出宫廷，不得
出任议员和官职。

复杂多变的生活经历丰富了培根的阅历，随之而来的是他

的思想成熟，言论深邃，富含哲理。他决定把脱离实际、脱离自然的一切知识加以改革，把经验观察、事实依据、实践效果引入认识论。这一伟大抱负是他的科学的"伟大复兴"的主要目标，是他为之奋斗一生的志向。他也因此成为中世纪英国著名的唯物主义哲学创始者。当有人问及是什么成就了他，培根回答："有什么样的目标，就会有什么样的人生。法院院长、检察长、掌玺大臣也好，男爵、子爵等贵族尊号也罢，这些都不是我的目标。我的目标是探讨那深邃的哲学——正是这种与众不同的追求，才使得我小有成就。"

哈佛大学曾做过一个著名的实验：对一群智力、年龄相近的年轻人做了一项调查。其中，3%的人对自己的将来有清晰而又长远的目标；10%的人有清晰但比较短期的目标；60%的人只有一些模糊的目标。而其余27%的人则根本没有什么目标。

25年后，哈佛对这些人做了跟踪调查，结果发现了一个令人震惊的事实：3%有明确、长远目标的人全部成为社会各界的领袖人物；10%有短期目标的人也成为各行各业的精英；60%没有目标的人则过着相对平庸的生活；而那些根本没有目标的人有的甚至挣扎在生活的边缘。这，就是目标的力量。不同的目标决定你有不同的表现；不同的表现决定你有不同的人生。

阻碍我们成功的，并非贫穷或困苦的生活环境，而是内心对自己的限定。成功的道路是由目标铺成的。一个人要想成功，要做的第一件事情就是为自己设立一个明确的目标。有了目标，人生就变得充满意义，一切似乎清晰、明朗地摆在你的面前。什么是应当去做的，什么是不应当去做的，为什么而做，为谁而做，所有的要素都是那么明显而清晰。

很多人早已步入职场，但仍然挫折不断，没有任何进展，工作还是那个工作，职位还是那个职位，原因就在于许多人没有确立一个发展、提升自己的工作目标。

确立自己的工作目标对于个人的职业发展到底有何影响？我们不妨来看一看下面的实验：

组织Ａ、Ｂ、Ｃ三组人分别向二十里以外的三个村子前进：

Ａ组不知道村庄的名字，也不知道路程有多远，只是跟着向导走。刚走三四公里就有人抱怨，走了将近一半时有人便坐在路边不愿走了。

Ｂ组的人知道村庄的名字和路程，但路边没有里程碑，他们只能凭经验估计行程、时间。走了一段路后，有经验的人说："我们大概已经走了一半的路程。"于是大家又接着向前走。当他们走到全程的五分之四时，大家情绪便很低落，觉得疲惫不堪，而路程似乎还很漫长。

Ｃ组人不仅知道村庄的名字、路程，而且公路上每两公里就有一块里程碑，人们边走边看里程碑，大家边走边聊，行程中他们用歌声来消除疲劳，情绪一直很高涨，很快他们就到达了村庄。

职业生涯和实验中的行程一样需要目标，没有目标便会失去方向。

目标是一种目的，一种意向，是一个引导人们不断奋斗的梦。目标不是模糊的意念："我希望我能"，而是一种清晰的信念："我要那样做。"

对于一个不甘于平凡的普通人来说，目标的重要性无论怎样强调都不过分。有了目标，哪怕你只是一名清洁工、文员，你也会充满朝气，因为你知道，这只不过是走向自己目标的一步阶梯而已。可以说，优秀者与普通人的最根本区别就在于有无目标。

没有目标，一切的辛苦将得不到回报。整天忙忙碌碌却什么事也没做好；承担压力但毫无成果；问题丛生而无从解决；认识的人很多，但均无深交；有多种计划在进行但成效不彰；希望尽速达到目的却始终在原地打转。工作和生活都失去意义，所有的努力都属徒劳。

目标正确才会得到所想要的

人生就是一场旅行，如果旅行者把方向弄错了，
不仅到不了目的地，说不定会走进死亡谷。

——培根

一个人有了目标才知道要往哪里去，但这个目标必须是正确的，只有找准了方向，才能让自己走向成功的道路。因为正确的目标是一个人行动的标杆，假如将成功比喻成你的目的地的话，要成功就必须给自己"选个地点"。

有一个年轻人，头脑虽然聪明，但大学毕业很多年了依然没有找到合适的工作，他来求担任法院院长的培根给他指点迷津。

培根了解了年轻人的情况后问："我可以帮你找个工作，可你喜欢什么样的工作呢？"

年轻人说："这就是我找你的目的呀，说实话，我真的不知道自己喜欢做什么？"

培根说："那就让我们来看看你的目标吧，10年以后你希望自己成为什么样的人呢？"

年轻人想了想，说："好！我希望自己有一个待遇优厚的工作，工作几年之后能有钱买一栋好房子。当然，我还没有想

好自己该怎么去做呢。"

"没有目标就不好办了。"培根对他说，"我只有知道了你的目标，我才能帮你找到工作。但目的地只有你自己才知道。"

"在一年后，我想被封为男爵——我就用这作为我的目标吧。现在你可以告诉我该怎么做了吧。"年轻人说。

培根笑了，说："年轻人，有目标还要正确呀，依我看，在一年后被封男爵恐怕很难做到，你这个目标是错误的。人生不仅要有目标，而且还要正确，这样，对我们的人生才会有促进作用。"

培根的话让年轻人重新考虑自己的人生目标。接着，他和培根讨论究竟什么才是自己的职业目标，在谈了两小时后，他从培根那里学到最重要的智慧：出发以前，要有目标，并且目标是正确的，你才能到达终点。

很快，年轻人按照自己的特点，给自己拟定了一个切实可行的目标，很快，年轻人找到了合适自己的工作。

和年轻人一样，你可能也非常渴望成为成功的人，希望过上自己理想的生活，但在这之前，你要先想一想自己的目标在哪？目标是不是适合你？人不仅要有目标，目标还要正确，因为目标的正确与否决定一个人最终的成败。培根在《论野心》中说道："说到各种的野心，其目的专要在大事上出风

头的那种野心比那要事事显身手的那种野心为害较小，因为
后者滋生混乱，扰害事务也。然而使一个有野心的人忙于事
务，比使他拥有广大的从众是危险较少的。那些要在能干的
人们之中出风头的人是给自己出难题作的，但是那总是于公
众有利的。"

没有方向，你就没有目的地；方向错了，不仅不能到达目
的地，更会让你白忙一场。

有位旅行者走到一处农田，发现水田里新插的秧苗排列得
很整齐，就像用尺量过一样，但他看见在田里插秧的农夫并没
有用什么工具。因此，旅行者很好奇，就问田里的农夫是怎么做
到的。

农夫没有说话，只递给他一束秧苗，让他自己插插看。

旅行者脱下鞋袜，卷起裤管下到水田里插秧，当他插完一
排秧苗起身一看，发现自己把秧苗插得弯弯曲曲，一点儿也不
整齐。

"为什么会出现这样的局面呢？"旅行者问农夫。

农夫告诉他："在插秧的时候，用目光的余光要盯住一样
东西，这样，你就就能插出一列整齐的秧苗。"

旅行者就按照农夫的说法去做了，奇怪的是，这次插的秧
苗还是弯曲的。

旅行者又向农夫询问原因，农夫问他："你是否真的盯住

了一样东西呢？"

旅行者答道："我真的盯住了一样东西，你看到了吗？那边那条吃草的水牛就是我的目标！"

农夫笑着说："我的先生呀，水牛边吃草边走，所以你插的秧苗就跟着它移动。你插的秧苗不是弧形的才怪呢！"

旅行者终于明白了其中的道理，于是，他重新拿起一束秧苗，整整齐齐地将它插在水田里了。他这次之所以没有错，是因为他盯着了远处的一棵大树。

很多时候，人生的经历就像插秧，要是没有正确的参照，结果一定会很糟糕，更不会得到自己想要的结果。一个人无论你学历有多高，能力有多强，这都不能让你百分百地走向成功，因为目标才是人生成功的最大保证。但是有了目标也不一定能保证你最终能取得成功，因为你得保证你的目标正确。要是没有正确的目标，就像"无舵之舟，无缰之马"，很难掌控自己的人生。

只有行动才能创造奇迹

内容充实的生命就是长久的生命。我们要以行为而不是以时间来衡量生命。

——培根

对于想要从事的事情，人们总是犹豫不决，担心自己的能力无法胜任，但是当我们去做了之后，我们总会有这样的感觉，即发现事情并没有想象中那么艰难。

世界上最可怜又最可恨的，莫过于那些总是瞻前顾后、不知取舍的人，莫过于那些不敢承担风险、彷徨犹豫的人，莫过于那些无法忍受压力、优柔寡断的人，莫过于那些容易受他人影响、没有自己主见的人，莫过于那些拈轻怕重、不思进取的人，莫过于那些从未感受到自身伟大内在力量的人，他们总是瞻前顾后、左右摇摆，最终白白浪费时机，一事无成。

瞻前顾后会使人丧失许多机遇。很多时候，很多事情，如果我们能横下一条心去做，事情的结果就会大不相同。

有个人听说某公司招考一个职员，这公司的待遇优厚，远景也好，他很想去试试，但是他怕自己能力不够，又怕万一考不上丢脸。于是他犹豫着，没有下决心。直到最后，他发现另外一个比他条件差得远的人居然考取了，他才后悔自己为什么不去试一试。

许多事是应该用勇气和决心去争取的。有一位先生，他是某公司经理，他有一种不允许别人有机会扰乱他意志的长处。

往往别人还在他旁边啰啰嗦嗦地叙述事情的困难的时候，他已经把他的办法拿出来了，干净利落，决不拖泥带水。他这种明快果决的本领，十分使人折服，而普通人往往做不到这样。

当我们遇到问题的时候，往往并不是对这问题的本身不能理解，而是被枝节的问题所困扰，因为我们太容易被周围人们的闲言碎语所动摇，太容易瞻前顾后、患得患失，以至于给外来力量一个可以左右我们的机会。谁都可以在我们摇晃不定的天平上放下一颗砝码，随时都有人可以使我们变卦，结果弄得别人都是对的，自己却没有主意。这正是我们成功途中的一个大障碍。要想扫除这种障碍，首先要训练自己对真理的判断能力。但最重要的还是要训练自己在判断之后，坚定、勇敢、自信地去把这个判断付诸行动。

对一个坚决朝向他目标走着的人，别人一定会为他让路。而对一个踟蹰不前、走走停停的人，别人一定会抢到他前面去，决不会让路给他。

14世纪时，蒙古皇帝莫卧儿在一次战役中大败。他独自躲在一个废弃的马房中，内心充满了对失败的恐惧。这时，他看到一只蚂蚁嘴里咬着一粒比自己身体大出许多倍的玉米粒，艰难地在垂直的墙壁上爬行着。但是，玉米粒实在是太过沉重，这只蚂蚁不知从墙上摔落了多少次，但是，它一直坚持着向上爬。终于，蚂蚁咬着玉米粒爬到了自己在墙壁上的蚁窝里。看到这里，莫卧儿大叫一声跳了起来，蚂蚁尚能如此，我为何不能？莫卧儿又重整旗鼓，终于打败了自己的敌人。

无独有偶，在19世纪，一位英国的将军也因为受到相似经历的激励，取得了最终的胜利。这位将军在之前的战斗中屡战屡败。一天，他因为战败而躲到了一个农舍里。在这间农舍，他无意中发现了一只正在结网的蜘蛛。这只蜘蛛在风雨中拼命地织网，但是蛛丝被风雨一次次地打断。不过这只蜘蛛并没有气馁，最终结成了蛛网。这位将军深受鼓舞，最终取得了一场关键战役的胜利。这位将军就是威灵顿，就是那位在滑铁卢战役中击败拿破仑的威灵顿将军。

不论是蜘蛛，还是蚂蚁，它们的行为或许是出于本能，但它们带给人们的鼓舞却是实实在在的。面对一次次的失败，只有行动，我们才能创造出让自己反败为胜的机会，也只有行动，我们才能重新树立被失败击溃的信心。

行动无疑是我们获取成功的根本保障。一切成功都不是海市蜃楼，它生长在我们的头脑之中，期盼着我们将其物化于外。

人们的信念往往是依靠行动表现出来的。耶稣说："凭他们所结的果子，就可以认出他们来。"是的，只有行为才是有效的。如果我们不表现出行动，则任何哲学理论叫得喧天价响，对我们也丝毫起不到作用。我们所结的果子将是苦的，我们的生命也将失去它的真正意义。

我们一旦有了坚定的信念，就应当付诸行动。人不是因为没有信心而跌倒，而是因为不能把信念化成行动，并且不顾一切地坚持到底。如果想使自己变得更加成熟，就要拥有自己的信仰，并付诸行动。

一次只做一件事

> 凡过于把幸运之事归功于自己的聪明和智慧的人多半结局是不幸的。
>
> ——培根

卡莱尔说："每个人——特别是那些渴望从主动到卓越的人，应当这样想：即使是最弱小的生命，一旦把全部精力集中到一个工作目标上也会有所成就；而最强大的生命如果把精力分散开来，最后也将一事无成。"如果你目前还只是一名普通的人，身处一个普通的工作岗位，正在从事一项普通的工作，不要紧，确定一个可以为之奋斗的目标，你的人生同样会充满希望。

专注是一个人做好任何一件事情的前提。培根认为，人是不能一心二用的，同一时间，人的注意力不可能对周围的所有事物都产生反应，它只能定向地、明确地注意到某一事物。他说："对一种事物的高度兴趣，是你了解它并对它专注的巨大动力。"培根的很多成就，都是专注于斯的结果。

1626年3月底，培根坐车经过伦敦北郊。当时他正在潜心研究冷热理论及其实际应用问题。当路过一片雪地时，他突然想做一次实验，他宰了一只鸡，把雪填进鸡肚，以便观察冷冻在防腐上的作用。他专注于实验，忘记了严寒，但由于他身体孱弱，经受不住风寒的侵袭，导致支气管炎复发，病情恶化，于1626年4月9日清晨病逝。

都说科学家们是天才，其实，科学家们的聪明才智之所以能够最终获得成功，还因为他们知道限制自我，因为他们有极强的专注力和抗干扰能力。

用现在的话来说，科学家们有时候表现出来的状态是——"一根筋"。

电灯的发明者爱迪生就是这样的"一根筋"。

有一次，爱迪生在研究思考一个新的课题。到了吃饭的时间，他的脑子也没闲着，就在夹起一口菜往嘴里送的刹那间，脑中突然就捕捉到了一丝灵感，这丝灵感让他陷入了沉思，于是，奇怪的一幕出现了——

只见爱迪生睁大双眼思考着，饭菜在口中含着停止了咀嚼，拿着叉子的手停在了半空……整个人如雕塑一般一动不动。爱迪生的妻子很了解他，因为这样的情形不是第一次出现了。妻子故意用手在他眼前晃了晃，爱迪生瞪着的双眼根本没有任何反应。于是，妻子便不再打扰他，静静地等待着他从凝思中自己回过神来。

专心于一项事情的时候，那意外的收获已在悄悄地问候你。只有专心致志的人才会取得好的成绩，只有专心致志的工作才可以将你带向成功的顶峰。

在繁华的大都市纽约，人潮汹涌，在纽约车站更是这样，中央车站问事处更是繁忙得很，旅客都争着问询，对问事处的人来说，他们的工作压力和紧张程度可想而知。可令人诧异的是，柜台后面的那位服务人员一点儿也不紧张。他身材瘦小，一副文文弱弱的样子，倒是显得有些轻松自然。

"夫人，你想要问什么？"他抬起头把目光锁定眼前这位妇女，"你要去哪里呢？"这时旁边有一位男子试图插话，但这个问事员丝毫不理，还是继续着和那位妇人的话题："你要去哪里呢？夫人。""春田。""是位于俄亥俄州的春田吗？""不，是马萨诸塞州的春田。"他根本不用看列车时刻表，直接说："那趟车在第15号站台，10分钟后出发。你根本不用急，不用跑，时间还来得及。""是15号站台吗？""是的，夫人。"

女旅客走后，这位先生才把注意力集中到那位男子身上。

有人请教这位服务人员："面对众多的人流，你是怎么样做到保持冷静的呢？"

他这样回答："我并不是在和公众打交道，只是在单纯地为一位旅客服务，接待完一位，再换下一位。在一天当中，我一次只能为一个旅客服务。"

他的话说得多么精彩，"一次只为一位旅客服务"和"一次只做一件事"有着异曲同工之妙。一次只做一件事，可以使我们的心平静下来，心无旁骛，集中精力把事情做好。如果好高骛远，见异思迁，就好像掰玉米的猴子，掰一个扔一个，除了心烦意乱之外，到头来只会两手空空，一无所有。

人一次只能做一件事，一个时期只能实现一个目标。我们最忌的就是三心二意，见异思迁。要把我们的精力集于一点，有如炸药，集于一点的爆炸效果才惊人。人生的问题，其实并不怕多，怕的是混乱，如果把有限的精力分散到太多的事情上，那样会疲于奔命，效率低下，徒增无穷的烦恼。因此，我们做事的时候，把自己的精力集中到一件事情上来，尽可能地清除掉一切产生压力或分散注意力的阻碍和想法，让自己全副精力集中在当前所做的事情之中。

所有的成功都需要专心和专注，都需要投入大量的努力和真诚，正如庄子所说："真者，精诚之至也，不精不诚，不能动人。"

贡献最多的，正是要求最少的

人在本性中习惯把自己当作地球，所以免不了会把个人的私利设定为各种行为的轴心。但请不要忘记，宇宙之间还共有着另外一个轴心。

——培根

过去，我们总是更关心自己的利益，关心自己是否能够获得足够的支持。而现在我们发现，其他人也都一样的"精明"，这使商场和职场的工作变得举步维艰。人们总认为人是自私的，索取是天经地义。在和家人、朋友相处的过程中，很少有人考虑"我能为他们做些什么"。对此，培根认为："需求少，要求少，贡献多，不与人争，就是财富！这句话不仅适用于工作，也同样适用于生活。"培根的这句话完全可以改变你我。

在商场，我们应该提供物超所值的产品和服务给客户——

这是我们能为他们做的，也是他们渴望得到的。毕竟，我们需要客户远远大于客户需要我们。"我们能为客户做什么"的准则，指导着每一个策略。

在职场，你要学会站在公司、主管、员工、同事的立场来看"我能为他们做什么"。这会为你带来更愉快的合作和更高的工作效率。面对家人和朋友，"我能为他们做什么"的想法使生活变得丰富而让人留恋。当你这样做时你会发现，给予他人越多，你就能获得更多。

"不要问你的国家能为你做些什么，而要问你能为国家做些什么。"在满世界都是"聪明人"的今天，肯尼迪多年前的教诲仍应是每个职业者的行为准则。想一想，难道你在公司的位置真的无人替代吗？你的客户就非得和你做生意吗？地球少了你就再也不转动了吗？显然，这不是事实。

那些始终思考"我能为公司做些什么"的职业者根本不用担心没有机会，更不用担心失业。因为他们想对了问题，做对了事。而整天在考虑"公司能给我提供什么？公司能为我做些什么？"的朋友，无论资历还是实力，不妨想一下是否值得别人为你这么做？是否达到舍你其谁的地步？我想你已经发现事情对你来说并不顺利吧！

同样的道理，在生活中，我们也不要总是问别人能为你做些什么，而应该问你能为别人做些什么。如果要说在生活中有什么办法可以获得幸福的话，这条策略将是其一。

不要问别人能为你做些什么，而应该问你能为别人做什么。当你这样做时你就会发现，给予他人越多，你就能获得更多。要知道，你的贡献不可能没有人看到。

春蚕到死丝方尽，蜡炬成灰泪始干。奉献大于索取，人生就灿烂，为别人的利益与福祉而做的善行，是至高无上的祝福。

李嘉诚先生年少时历经艰辛，12岁便无奈辍学谋生，深深体会到健康和知识的重要，同时认为对无助的人给予帮助是世上最有意义的事情，教育及医疗两者更是国家富强之本，他也认识到个人力量到底有限，唯有事业成功，才能对社会和国家作更大的贡献。故随着事业进展、行有余力的时候，他便热心公益，支持内地及香港的教育医疗事业。1980年，李嘉诚成立李嘉诚基金会，借以对教育、医疗、文化、公益事业作更有系统的资助。如今，李先生成立的公益慈善基金会已捐出及承诺之款项约76亿港元。此外，李先生亦推动旗下企业集团捐资及参与社会公益项目。

他曾经捐款给内地癌症患者、残疾人、香港大学，在饥荒时还捐大量大米赈灾，捐助卫生扶贫，防治禽流感等等。

"只爱自己却不知如何爱人的人，迟早会引火而自焚。"培根对西塞罗的这句话深表赞同。他认为，这种人时时都在谋算如何牺牲别人来成全自己的愿望，而到头来命运之神会让他们成为自我的祭品。要知道，即便一个人再精于为自己谋算，他也无法捆缚命运之神的翅膀。只有秉承"我为人人，人人为我"的信念，社会才能发展，才能进步。

生命的价值不在长短而在质量

　　人生如同道路。最近的快捷方式通常是最坏的路。

——培根

　　不要去羡慕那些一杯水、一张报过一天的人，不要去羡慕那些因为太悠闲以至于无所事事的人，他们生活的单调与枯燥，他们内心的贫瘠与空虚是你所无法容忍的。培根说："忙碌的人其实非常愉快，他的辛勤耕耘足以让他雀跃不已，他的工作成果足以让他引以为豪！"17世纪的培根对生活有这样的认识实属不易，对今天的人更有很好的指导意义。我们常常说，属于自己的时间太少了，实在是太忙了。其实，我们应该庆幸老天没有让我们太闲，我们还拥有一份忙碌与充实。因为忙，我们不得不合理安排自己的时间，不得不珍惜每一分钟，不得不在有限的时间里做尽可能多的事，不得不用最短的时间将手中的事情做得更好。于是，我们的生活里便多了一份惊喜，多了一分收获；人生就在忙碌中悄悄有了丰硕的成果。正因为忙，我们才体会到"闲"的可贵。半日的休闲也会让我们欣喜，一日的野游也让我们难以忘怀，几日的远足更让我们仔细品味，回味无穷。这时我们才发现：放下俗务，一洗胸襟，这种"忙里偷闲"的感觉是这样的美好，这样的妙不可言。于是，我们在忙碌中更加懂得了生活的乐趣。

前不久，有人在调查"当代大学生的择业观"时，选择"收入稳定、工作清闲，每天只工作5个小时"的工作方式的大学生只占21％。这充分说明当代许多大学生愿意通过忙碌的工作，来换取充实而富裕的生活。

时光在流金岁月中飞逝，空间在万水千山中定格。"一个人生存的价值不在于生命的长短，而在于生命的质量。一个人从生到死，从死到生其实是同一条路。你死了，其实是把生命的火炬传给了别人。你的死遵循的是世间的法则，其中也孕育了新的生命。"在培根看来，死亡并不是生活的敌人，而是生活的朋友。因为死亡意味着我们的生命是有限的，有限的人生才显出时光的宝贵。光阴是借给我们的，让我们暂时保管一下，因此，我们必须尽最大的努力去承担这项重任。

　　法国雕塑家罗丹说："工作就是人生的价值，人生的欢乐，也是幸福之所在。"英国作家卡莱尔说："忙碌是个人最健康的锻炼。"

　　许多心理学家经过研究得出共同结论：忙碌有益于健康。美国心理学博士雷米曾做过专门研究，发现世界上最忙碌最紧张的名人们，通常要比普通人寿命高出29％；失业率每增加1％，死亡率增加2％。他还发现，外出忙碌的妇女，要比家庭妇女发病率低，不忙碌的人比忙碌的人健康状况差。这其中的道理并不复杂：紧张的忙碌可以排除人们的孤独感、寂寞感与忧愁感，给人带来充实和欢乐，使人保持良好的情绪。

　　美国有一位著名的儿科医生叫雷莉丝，现年100岁。从医学院毕业后开始行医至今已有70多年，经她治愈的儿童不计其数，至今仍然孜孜不倦地为孩子们看病，每天至少忙碌12个小时。最近她被美国医学协会确认为目前仍在行医的年龄最大的儿科医生。雷莉丝87岁时曾有过短暂的退休生活，4年后丈夫不幸去世，孤寂的生活使她重返忙碌岗位，那年她已91岁高龄，在家乡开了一个诊所，前来就诊的患者络绎不绝。她不但医术高明，医德亦很高尚，遇到有的病人付不起医药费，她就慷慨地免掉。她还经常夜里出诊，即使是凌晨2点钟，只要有人求诊，她也会毫不犹豫地披上白衣大褂应诊。她用亲身经历向社会证明：对有些人来说，高龄并不是忙碌的障碍。她说："很多上了年纪的人喜欢旅游，但我喜欢忙碌。只要有忙碌，我就感到其乐无穷。生活有规律，保持心情愉快，做自己喜欢做的事，这就是我的幸福长寿之道。"唐代大医学家孙思邈，幼时体弱多病，由于家境贫寒，经常无钱求医。后来他发愤学医，终于成为一位德高医精的名医。他"博极医源，精勤不倦"，既要为患者治病，又要进入深山老林采药，忙得不亦乐乎，还要坚持学习，正如他自己所说"白首之年，手不释卷"，真正做到了活到老，学到老，干到老。由于他勤奋忙碌，生活充实，精神有所寄托，心情十分愉快，所以身体健康，老当益壮，终于由一个羸弱多病的患者，变成了一个年逾百岁的大寿星，据史书记载他活了101岁。

我们越年少，越不成熟，就越难接受世间生活终究会结束这一现实。我们老是想，如果人类是宇宙的设计者，我们就会长生不老，永远年轻。这样，死神就永远不会来临了，我们就不会到达人生的终点了。然而，当我们分析一下这种想法，就会发现，这不过是一个忧郁孩童十分幼稚的愿望。事实上，难道我们真的愿意缚在生命的车轮上不停地旋转下去吗？既没有休息和长眠的机会，又不知什么时候能够停止？难道我们真的愿意永远清醒、不停地工作？难道我们真想活一千年、一万年，去品尝战乱、冲突、伤痛、争斗等苦果的滋味吗？

人的生命是有限的，而一个人的价值不在生命的长短，而在生命的质量。心中温馨的期盼是未来真实的投影，美丽的梦用真情去点燃就不会搁浅，清香的风中有你我用真心、用青春许下的无悔的承诺。选择忙碌，就选择了一份充实的生活，一份锦绣的前程，一个幸福的人生。

人生需要忙碌，青春更需要忙碌。青春是屋顶上燕子的呢喃，青春是山坡上山花的烂漫。青春是读不尽的眼角眉梢的热忱，青春是道不完的心灵深处的激情。忙碌使青春更加充实、更加亮丽、更加辉煌、更加夺目。诚如一篇文章中写的那样："忙"是实现自己的希望和理想；"忙"是无愧于青春的奉献；"忙"是奏响人生新的交响！是忙碌的人推动了这个社会！

第七章

培根谈人生伤痛：苦难才是真正的人生

　　困难的日子总会过去的，只有用积极地心态渡过

困难。未来的你才会变得更加的坚强，取得的成绩会

更大。

不要只见汪洋不见陆地

> 只见汪洋时就以为没有陆地的人，不过是拙劣的
> 探索者。
>
> ——培根

当消极和迷茫占据我们的内心时，我们就会感到很孤独，认为在这个世界上没有人能理解自己的想法，因此我们感到苦恼却无所适从，孤独本身就是一种迷茫，一种消极的迷茫。培根说："因为生活有太多的欲望，所以有太多的因为欲望得不到满足而产生的迷茫。"迷茫的生活、迷茫的社会、迷茫的世界……很多时候我们会感到迷茫，感觉生活没有意义，但是又不知道自己到底在迷茫什么。

比如说我们向往爱情，追求爱情，结果不外乎两种：得到爱情，或者从此失去爱情。我们为了生计和理想努力地拼搏，得到的结果也不外乎两种：如愿以偿或者大失所望。但是如愿不如愿又能如何呢？我们一样会感到迷茫，一样能感觉到迷茫带给我们的孤独和寂寞。

　　我们因为忙碌的生活而感觉到迷茫，也就是说人生注定了迷茫，注定了我们要迷茫的面对生活，苦苦追求自己的理想，到头来却发现我们的理想并不是现在的样子。

　　由世俗的眼光看，下台后的培根可算是穷困潦倒，晚年凄凉，年过六旬，体弱多病；政治上已经身败名裂，没有了东山再起的可能；经济上负债累累，失去了公职，俸禄也就此中断。恰在此时，与妻子的关系也进一步恶化，他们夫妻关系一直不算好，培根上升时，她不满足，培根下台后，她又不断抱怨，致使培根更加痛苦。培根搬回了早年在格雷公会的房子，过起了安静、俭朴的生活。

　　遭此惨重打击的培根，曾一病不起，差点死去。但最后他还是挺了过来。这期间，他写了《论困厄》一文——增补到他的《论说文集》中。文中表达了他对于挫折和厄运的切身体会和深刻思索，至今读来仍具有感动人心的力量。他说："逆境的美德是节制，逆境的美德是坚忍。这后一种是较为伟大的一种德性。顺境是《旧约》所宣布的福祉，逆境是《新约》所宣布的福祉，而新约者乃是福音更大，诏示上帝的旨意更为清晰。"政治上失意的培根，很快在学术上找到了归宿。

　　由学术的眼光看，培根的晚境不能说不辉煌。他下台之后五个月便完成了《亨利七世》一书。这部著作被荷兰的著名法学家格罗蒂斯·胡果及英国的著名哲学家约翰·洛克称为具有哲学意味的史学著作之典范。

茫茫人生中，我们在执著追求、寻找。到底在寻找什么，似乎没有人能够说得清楚，因为我们也不知道自己在寻找什么。我们绞尽脑汁地周旋在各种各样的人之间，为了生活不断地打拼；为了追求自己一见钟情或者暗恋已久的梦中情人，我们煞费苦心地想要博取他或者她的欢心，到最后却发现他或者她却不是最适合自己的，或者说自己并不适合他或者她……然后我们选择离开，结果是我们兜了一大圈又回到了原点。我们发现原来我们是迷茫的，忽然感觉到自己心底传出的孤独和寂寞在追逐侵袭自己的大脑，于是我们明白人生是孤独的，迷茫的……

迷茫是难免的，关键是要在迷茫之时用一种积极的想法来挺住消极的迷茫，这样我们才能成为生活的主宰，我们才能成为生活的主人，而不是奴隶。

有位伟人曾说："要么你去驾驭生命，要么是生命驾驭你。你的心态决定谁是坐骑，谁是骑师。"人生并非是一种无奈，而是可以通过主观努力去把握和调控的，心态就是调控人生的控制塔。一个人有什么样的心态，就会有什么样的生活和命运。

海伦·凯勒出生时是个正常的婴儿，能看、能听，咿呀学语，可是一场疾病让她变成了残疾人——她瞎了，聋了，也哑了——当时她才19个月。所幸的是，小海伦在黑暗的悲剧中遇到了一位伟大的光明天使——安妮·沙莉文女士。

在安妮·沙莉文女士的教导下，海伦·凯勒不仅学会了说话，还学会了用打字机写稿著书。海伦·凯勒虽然是一位盲人，但读过的书却比视力正常的人还多。她出版了7册自己著的书。海伦·凯勒的触觉极为敏锐，她用手指头放在对方的嘴唇上，就知道对方在说什么；音乐家在表演的时候，她把手触摸钢琴、小提琴的木质外壳，就能"听"到音乐的声音；如果你和海伦·凯勒握过手，5年后你们再见面握手时，她可以根据上次跟你握手的记忆，认出你来；她可以根据跟你握手、聊天，判断你的个性和体魄，比如你是不是很美、很强壮，你是滑稽的人还是爽朗的人，或者是个满腹牢骚的人等等。

海伦·凯勒简直是人间的奇迹，她让你震惊，让你欣慰，让你不得不赞赏她。海伦·凯勒大学毕业那年，有好心人为她在圣路易博览会上设立了"海伦·凯勒日"的活动，有人问她，是凭什么取得这样的收获的？

她说，我之所以能取得如此的收获，是因为我始终对生命充满信心，充满热忱，是自信、积极的心态让我克服重重困难，是困难造就了我的今天。由此可见，一个人的心态对改变自己的命运有多重要。

世界上每天每个角落都在上演各种剧目，生活中总是会有各种各样的事情发生，没有人能预料明天会发生什么，但人可以用良好的心态做人生的指挥官，相信自己才是命运的主宰。

培根说："只见汪洋时就以为没有陆地的人，不过是拙劣的探索者。"有时候只要积极一点，只要乐观一点，只要一点点改变，就能突破迷茫，这个世界就不会是死气沉沉了。如果你能理解培根的这句话，那消极情绪就不会再对你造成困扰了。每个人都有迷茫的时候，好好调整一下心情，相信一切都会好起来的。不妨放自己一天假，做点自己喜欢的事放松一下。失败了，你可以告诉自己还有一个机会尝试；摔倒了，你可以告诉自己正好有个时间好好地休息一下！总之，为一切的消极因素找一个积极的理由，以更积极乐观的态度去面对生活，更看重事物积极的一面，朝着阳光的方向行动，那么世界就会美好很多。

因为不完美，生命才有无限可能

> 人们没有哭，便不会有笑。小孩一生下来便有哭的本领，后来才学会笑。所以一个人不先了解悲哀，便不会了解快乐。
>
> ——培根

　　培根认为，幸运中蕴含着恐惧和烦恼，而厄运也会催生安慰和希望。尼采也说："不仅要在必要的情况下忍受一切痛苦，而且还要喜爱一切痛苦，因为痛苦是人生前进的动力。"在这些伟大的哲学家们看来，我们的人生始终与痛苦相伴，因为有痛苦，我们的人生才完美。因为有了痛苦这个老师，我们才会从一个懦弱者变成一个坚强者。痛苦是上帝也是魔鬼，痛苦能让成功者变得失败，让充满希望的人变得消极绝望。痛苦是上帝还是魔鬼，都在我们的一念之间，坚强者把痛苦当作动力，去寻找快乐的彼岸；而懦弱者会在抱怨痛苦的深渊中沉沦，从此与快乐绝缘。

　　班·符特生靠自己的意志战胜厄运、自强不息的故事，在美国几乎家喻户晓，但鲜为人知的是，正是他，给了成功学大师卡耐基巨大的人生启迪。

　　有一次，卡耐基到乔治亚州的一个大学去演讲，当他结束演讲回到旅馆的时候，在电梯间他碰到了一个残疾人。这个人两条腿都没有了，坐在一张放在电梯角落里的轮椅上，但奇怪的是，他看上去却很快乐，到达目的地请卡耐基让路的时候脸上也露着一种非常自信而温暖的微笑。卡耐基对这个残疾人的故事感到很好奇，决定去找他。

　　这个残疾人就是班·符特生。原来在他24岁那年，遭遇一次严重的车祸，脊椎受了伤，双腿被截肢，从此只能靠轮椅行走。

卡耐基问班·符特生怎么能够接受这个残酷的事实。符特生说："面对突如其来的痛苦，刚开始我也不知该如何是好。"他说他当时充满了愤恨和难过，抱怨自己的命运。可是时间一年年过去，他终于意识到，愤恨让他什么也做不成，只会产生对别人的恶劣态度。他说："大家对我都很好，很有礼貌，所以我至少应该做到的是，对别人也有礼貌。"

他告诉卡耐基，当他克服了内心的愤恨、抱怨之后，就生活在了一个完全不同的世界里。他开始看书，对好的文学作品产生了兴趣。在那以后的14年间，自己至少阅读了1400本书，这些书为他打开了一个崭新的世界，他的目光和思想一下子丰富多彩起来。他开始聆听很多音乐，以前让他觉得沉闷的伟大的交响曲，如今都能使他非常受感动。最重要的是，他学会了思考。他说，这次意外让他能仔细地看看这个世界，有了真正的价值观念。他开始了解，以往他所追求的事情大部分实际上一点价值也没有。他对政治产生了兴趣。他逐渐开始研究公共问题，并坐着轮椅到处发表演说，他在学习和交流的过程中认识了很多人，很多人也逐渐地认识了他。靠着毅力和勤奋，班·符特生终于由一名残疾青年变成了一名成功者，并最终成为美国乔治亚州州政府的秘书长。

现实生活中，很多人都在抱怨，抱怨环境不好，抱怨苦难太多。那么，贫穷和苦难会不会是失败最有力的理由呢？

任何一个了解班·符特生的人，都会从他的人生经历中受益无穷。当一个人把不幸踩在脚下的时候，当一个人决定不再接受别人怜悯的时候，当一个人决心要给他人带来微笑的时候，你自己也无法了解的潜藏在你内心深处的能量就爆发了。正如培根所说："我们的痛苦对我们是一种持久的帮助。"

美国总统赫伯特·胡佛是爱荷华一名铁匠的儿子，后来又成了孤儿；IBM的董事长托马斯·沃森，年轻时曾担任过簿记员，每星期只赚2美元。这些著名的成功人士，都没有因为贫穷这一因素受到任何阻碍。他们把心思都花在了工作上面，根本没有时间去自怜或抱怨。

萧伯纳对那些时常抱怨环境不顺的人感到十分反感。他说："人们时常抱怨自己的环境不顺利，因此使他们没有什么成就。我是不相信这种说法的。假如你得不到所要的环境，可以制造出一个来啊！"

其实，如果每个人无时无刻不在抱怨环境不好，当然就会把自己的过失委诸"缺陷"或种种其他原因。卡耐基年轻的时候，常因自己长得比别人高而气馁不已。好几年过去后，他才逐渐明白，身高可以是一件好事，也可以是一件坏事，这完全是由自己的态度决定的。

假如别人富有，而自己比较贫穷；假如别人有两条腿，而自己只有一条腿；假如自己的长相、体形、性格有某个地方与众不同，都很可能成为自己的缺陷——只要你自己承认这一点！

心灵不成熟的人总是把自己与众不同的地方看成是缺陷，是障碍，然后期望自己能受到特殊的待遇。心灵成熟的人则不然，他们先认清自己的不同之处，然后再决定是要接受它们，还是改进它们。

要知道困难并不意味着不幸，或许它会是一种幸运的开始。生命就是因为不完美，才有无限可能。

战胜自己，你能面对任何挑战

最能坚持灵魂的自由的人，就是那挣断磨胸的锁链，一举而永免受罪的人。

——培根

培根说过，恐惧是对危险的自然厌恶，它是人类生活中不可避免和无法放弃的组成部分。当你面对的敌人太过于强大，让你心生畏惧的时候，这时你会怎么做？如果你选择放手一搏和对方全力比拼，即使胜利了也会两败俱伤。有经验的人会告诉你，不管站在你眼前的敌人是多么的凶猛，在面对他的时候，只要激发内心的自信，你就会轻而易举地战胜他。

格林尼亚出生在一个百万富翁家庭，从小过着奢华的生活，养成了游手好闲、挥金如土、盛气凌人的放荡公子的恶习。凭着自己英俊的外表、阔绰的身价，任意地玩弄女人，直到遭到一次打击，他的人生才转变了方向。

在一次午宴上，格林尼亚对一位从巴黎来的优雅美貌的女伯爵一见倾心。于是，他像见了其他艳丽女人一样追上前去。只是这一次，他却遭到了冷言冷语："请离我远一些，我最讨厌被花花公子挡住视线！"女伯爵的轻视与讥讽，使他第一次在众人面前羞愧难当。此刻，他觉得自己是那样渺小，那样龌龊不堪，那样被人厌烦。一种强烈的自卑感油然而生，他的另一个自我被唤醒了。

格林尼亚羞愧地离开了家，只身来到里昂，在那里隐姓埋名，走上求学之路。他进入里昂大学做了插班生，并且不再参加任何社交活动，整天在图书馆和实验室里苦读。他的钻研引起有机化学权威菲得普·巴尔教授的注意，开始给他指点。在名师的指引和自己不懈的努力下，他终于发明了"格式试剂"，并且发表了200多篇学术论文，被瑞典皇家科学院授予1912年度诺贝尔奖。

为什么有些人会在事业上贡献突出，而另一些人则碌碌无为呢？原因是多数人受到社会条件的制约，总认为自己的见解无足轻重，自己注定没出息，自己的命运不好，自己注定了是无所作为的。这种自卑或自暴自弃心理，正是消极的丧失信心的表现，也阻碍了人们前进的步伐。

古往今来，许多失败者之所以失败，究其原因，不是因为无能，而是因为缺乏信心。没有信心，实际上是由于放弃了争取实现可能性的努力，使可能变成不可能。一分信心，一分努力，一分成功；十分信心，十分努力，十分成功。

这个世界是由自信心创造的。世界上有2/3的人患有营养不良，差别只是程度不同。同样的，世界上信心不足的人也有2/3，也只是有着程度的不同。营养不良，使人的身体无法正常发育；信心不足，则使人的才能无从发挥。你要相信自己，你要对自己的能力有信心！

人身上的潜能是无穷无尽的，或许有的时候连你自己都不知道，但是为什么绝大部分却处于休眠状态？这大多数是受到你心理上无形障碍的影响和阻碍。如果你想充分发挥你自己的潜能，你就应该清楚地明白自己能胜任什么事，也就是你害怕做的事，再将这些事情记下来逐个击破。这样每完成一项，你就跨越一个心理障碍，解去一根捆绑自己心灵的绳索，消除一次"我从未做过"的念头，擦去一个"我不敢做"的想法，离成功也就更近了一步。

新西兰人李特和另外5人从斐济群岛的威第雷佛出发，共搭乘一艘仅有4米长的机帆船，到离岸15千米的暗礁上去旅游。6个人在万里无云的南太平洋上，观赏五颜六色的珊瑚，海面一片平静。下午3点钟，他们启程返航，就在他们笑声不绝的时候，海面突起风浪，将小艇打翻，几个人被抛入海中，情势十分危急。

大家惊恐慌乱起来，有人主张游回暗礁，有人建议弃船游回威第雷佛。大家七嘴八舌，各执一词。这时，比尔插话了。他是一个有经验的冲浪救生会会员，精于海上脱险逃生技术，是位信心十足的人。他打断了大家的话，坚定地说："最要紧的是我们不要离开船。大家聚在一起还有希望，万一分开，我们只有靠个人的力量，而鲨鱼和海浪随时会把我们吞吃掉。大家一定要采取团体行动，发挥团队精神，保持必能生还的信心。"

大家见比尔的话里充满着信心，都接受了他的建议。众人齐心合力把小船扶正，让舱顶露出水面。这个摇摇晃晃的船体，是他们求生的唯一希望。他们在水里共同推着船前进，轮流进入舱内休息。翻倒的船由6个人缓缓向前推着，比尔不断地鼓舞大家，同伴中只要有人体力不支，就到船舱里休息一会儿，让别人推着走。经过18个小时的艰苦奋斗，他们终于死里逃生，回到岸边。

人之所以会恐惧，会失去信心，无非就是不能够接受失败的结果。但越怕就越不敢行动，越不敢行动就又越怕，这样一来的话就会陷入恶性循环之中。可越是感到怯懦的事越要大胆去做，只有大胆地去尝试去做，你才能战胜你的怯懦。李特等人的求生力量源自于信心，如果他们没有了信心，最终不可能全部生还。

有人说，信心好比是左右我们一生成就的调温器。这句话颇有道理，一个平庸的原地踏步的人，总觉得自己不重要，成就不了什么大事，因而他扮演的始终是可有可无的小角色。这样的人，从他的言谈、举止、行为中都显示出缺乏信心。

失败再强大，也战胜不了坚持

实践中的失败主要由于不知道原因而发生，正是在这种情况下人的两种企望：对知识和力量的企望真正相和在一起了。

——培根

培根曾经说过，他更愿意聘用那些有失败经历的人，没有遭受失败和挫折考验的人，他从来不敢委以大任。人一生中正确与错误相伴，成功与失败交织，每个人为了生存下去，必须经过严酷竞争的考验，稍有不慎，就有被淘汰出局的可能。成功与失败代表了人生的两个极端，但它们只隔咫尺，结果却有天壤之别，而它们又是如此的紧密联系，转换只在瞬间。没有永远的成功者，也没有永远的失败者。那些既经得起成功又经得起失败的人，才是真正的成功者。

在前进的途中，当遇到错误时，人们通常会说："我真是倒霉，又出错了。"而有创造力的人会去了解错误的潜在价值，对自己说："这个能使我想到为什么？"然后他会把这个错误当作垫脚石，为成功创造条件。

"纵观人类的发明史，充满了利用错误和失败来产生新创意的人。"培根说。的确，爱迪生在知道了上万种不能制造灯丝的方法后制成了灯泡，开普勒由错误的理论得到了行星间引力的概念。所以当出了差错，或者遭受了某种损失的时候，意志坚强者会从中吸取教训，想方设法补救，来扭转不利局面；那些经不起挫折考验的人会自怨自艾、沮丧、不知所措，从而丧失了成功的机会。有一位哲人说得很正确：成功是没有平坦的道路可走的，只有勇于面对现实，不怕失败的人，才能到达胜利的彼岸。实践中，把失败转为成功，往往只需要一个想法和与之相配合的行动。

泰国的十大杰出企业家中，施利华应该算是一位传奇人物了。一开始他是一位股票投资者，当他在股票市场无所不敌时，他说我玩够了，我从此要进入另一个行业，于是他转入了地产业。时运不济的他，把自己所有的积蓄和从银行贷到的大笔资金都投了进去，在曼谷市郊盖了15幢配有高尔夫球场的豪华别墅。可是他的别墅刚刚盖好，亚洲金融风暴出现了，他的别墅卖不出去，贷款还不起，施利华只能眼睁睁地看着别墅被银行没收，连自己住的房子也被拿去抵押，还欠了相当一笔债务。

一段时间之内，施利华的情绪低落到了极点，老是在心里问："为什么一向无所不敌的我，会走上这样的一条失败之路，难道我就这样一生再也无所建树了吗？"

几经周折，施利华决定重新做起。他的太太是做三明治的能手，她建议丈夫去街上叫卖三明治，施利华经过一番思索后答应了。从此曼谷的街头就多了一个头戴小白帽、胸前挂着售货箱的小贩。

很快施利华做小贩，卖三明治的消息传了出去，人们纷纷在说，昔日亿万富施利华在街头卖三明治，由于很多人在传，所以在施利华那儿买三明治的人骤然增多，有的顾客出于好奇，有的出于同情。还有许多人吃了这施利华的三明治后，为这种三明治的独特口味所吸引，经常来买他的三明治，回头客不断增多。随着时间的过去，施利华的三明治生意越做越大，他也慢慢地走出了人生的低谷。

在1998年泰国《民族报》评选的"泰国十大杰出企业家"中，他名列榜首。作为一个创造过非凡业绩的企业家，施利华曾经备受人们关注，在他事业的鼎盛期，不要说自己亲自上街叫卖，寻常人想见一见他，恐怕也得反复预约。上街卖三明治不是一件怎样惊天动地的大事，但对于过惯了发号施令的施利华，无疑需要极大的勇气。

人的一生会碰上许多挡路的石头，这些石头有的是别人放的，比如金融危机、贫穷、灾祸、失业，它们成为石头并不以你的意志为转移；有的是自己放的，比如名誉、面子、地位、身份等，它们完全取决于一个人的心性。生活最后成就了施利华，它掀翻了一个房地产经理，却扶起了一个三明治老板，让施利华重新收获了生命的成功。

我们会失败，要不是我们的方向错了就是我们的方法错了，待我们从失败中总结出教训，就能找到正确的应对措施。多犯一些错误后，我们就应该离成功更近了。也就是说，正确面对失败，失败就会成为成功的基础。

曾有人问施利华，当他失败后，他是如何面对自己的挫败的，如何及时调整自己的心态来面对这一切困难重新开始？施利华就说了这样的一段话："我只是把挫折当作是使你发现自己思想的特质，以及你的思想和你明确目标之间关系的测试机会。如果你真能了解这句话，它就能调整你对逆境的反应，并且能使你继续为目标努力，挫折绝对不等于失败——除非你自己这么认为。"

很多人都追求成功而害怕失败，一旦失败就会表现出一副愁眉不展的样子。实际上，失败并不可怕，关键是你怎么对待失败。承认失败的客观性，并不是消极地被失败所左右。而是要继续努力，当再一次遇到困难时，勇敢地去战胜它。如果施利华不能正确地去对待失败，那么，他就不会再有后来的成功，也不会再有以往的辉煌。

面对失败，我们应该敢于面对，要克服你心中的畏惧感。无论在任何时候，对于一个渴望成功的人来说，挫败是十分正常的事情，颓废是可耻的，重复失败则是灾难性的。失败为成功之母，要从挫折中吸取教训。成功是一连串的奋斗，要敢于屡败屡战，且抛弃消极思想，全力以赴，不消极等待，在吸取教训中克服阻碍，做自己最好的对手，不断地去战胜自己。

困难没有你想的那么难

> 顺境的美德是节制，逆境的美德是坚忍，这后一种是较为伟大的德行。
>
> ——培根

在困难面前，人们通常会这么说："这个问题很难办，我无能为力。""我以前没做过这个，所以……""这个不归我管，你去找……""我不会做，对不起。"等等。喜欢拿这些作为借口的人，多半都是比较惧怕困难，在工作上缺少自动自发的精神，不会主动地去解决问题和困难。内心惧怕的人会停止行动，因为在这些人的眼里，眼前的困难是难以战胜的。

实际上，有的问题看上去很难办，有的事情看似复杂，其实，一旦着手解决或做起来，就会发现并不像人们形容的那样难。

除了少数人经验不够或知识水平欠缺，使他们面对困难时真的很头疼外，大部分人并不是完全不能做，而是不想做、不愿意插手或不愿意负责。这些人常常用"不""不会""不想""不知道""不清楚""不擅长""对不起"等否定词，以此表示自己"不会做""不能做"。

心理学研究发现，有些人喜欢拒绝，是源于心中的惧怕，总觉得要做的事情太难了、自己无从下手，怕做不好，怕做不完、总之是这也怕那也怕，在惧怕之中时间白白流逝。

有个人家院子里有一块大石头，冒出来一截，正堵在门口，全家人每天出门进门都要很小心，要不然就会被石头绊住。家里最小的孩子接连被绊倒了好几次，实在忍不住了，决定把这块石头搬走。可他刚拿起铁锹准备铲走石头，就被父亲叫住了。父亲告诉他，这块石头很大，埋在地里的部分很深，从爷爷辈开始就已经在那了，谁也铲不动，让他别费力气了。

可小孩子不死心。这块大石头给他带来了无尽的麻烦，他下定决心要把它弄走，一天铲不动就铲两天，两天铲不动就铲三天，他不相信永远铲不动它。他拿着铁锹，先把石头周边的土挖松。他做好了打持久战的准备，可让他没想到的是，这块看起来很大的大石头，其实埋在地里的部分并没有想象的那么深，稍微一使劲，就把它挖出来了。就这样，没费多大的劲，这块大石头就被小孩子"请"走了。

其实，在生活中，有很多人都跟这家的大人一样，怀着一种固定的心态，不愿意去冒险，不愿意采取行动；当你为自己寻找借口的时候，你就是在退缩。而怀着一种勇敢心态，你会乐于采取行动，即便事情很难，或者你不是很喜欢它。所以培根说："其实，很多事情只要你做了，你就会发现：真的没有你想象的那么难。"

　　一位将军率船队在海上航行，途中遇上了暴风雨。一名士兵因是第一次乘船，所以吓得不停地狂喊乱喊，大哭不止，让船上的人几乎都受不了。因为这让本来并不担心的人们开始感到了恐惧。将军气恼地想下令把他关起来。

　　这时将军身旁的一位校官说："不要关他，让我来处理。我想我可以使他马上安静下来。"校官随即命令水手将那位士兵绑起来，丢入海中。那个可怜的家伙一被丢下海，便手脚乱舞，狂呼救命。过了几秒钟，校官才叫人把他拉上船来。

　　回到船上后，说也奇怪，刚才歇斯底里大叫不停的士兵，静静地待在舰舱一角，半点声音也没有。

　　将军好奇地问这个校官何以会如此？校官答说："在情况转变得更加恶劣之前，人们很难体会自身是多么的幸运。"

　　如果你把一点点的不幸置于显微镜下面，你甚至会被自己看到的一切吓倒。不幸的感觉只能把你带进绝望的深渊难以自拔。这位校官是位高明的逻辑学家，在他的手中，幸运就像球拍，而不幸则是球——只有"幸运的球拍"才能将"不幸的球"狠狠抽打出去。

　　遇到困难的时候，就应该立即弄清根源，有困难就应该立即处理。记住，很多事情并没有你想象的那么难，只要行动起来，你就会在行动中找出解决问题的方法。

　　爱默生说："每一种挫折或不利的突变，都是带着同样或较大的有利的种子。"挫折是命运的考验，埋怨、沮丧、愤怒都是无济于事的。只有矢志进取，面对挫折不退却、不烦恼，投入全部的精力向着目标奋斗，这样才能经受住考验，才是成功的真谛。对于那些整天叫嚷着"为什么会发生在我身上"的人来说，只能给他们一个答案："为什么不呢？"

人生在世，每个人都必然要经历一些苦难，就像人生要经历许多喜怒哀乐一样。面对苦难，有的人会自暴自弃，有的人会唉声叹气，有的人会选择逃避或死亡。但其实苦难并不可怕，在经历苦难考验的时候，人与人之间都是平等的。不管你是帝王将相，还是平民百姓，面对苦难、伤痛、失落所承受的折磨都是一样的。只要你敢于直面苦难，你就能获得成功的人生。

培根说："好的运气令人羡慕，而战胜厄运则更令人惊叹。"一个意志坚强的人，本身就有着强大的创造力，他们不会等着别人帮助、等着别人拉扯一把、等着别人的钱财，或是等着运气的降临。他们会抛弃身边的任何一根拐杖，破釜沉舟，依靠自己，赢得最后的胜利。所以，要使自己的生命具有特殊意义，要与众不同、充满精彩，就必须以坚强的意志承受考验。无论要面临多少艰难曲折，决不放弃成功的希望和理想。

越想放弃的时候，越不能放弃

如果问在人生中最重要的才能是什么？那么回答
则是：第一，无所畏惧；第二，无所畏惧；第三，还
是无所畏惧。

——培根

许多历经挫败而最终成功的人，感受"熬不下去"的时候
比任何人都要多。但是，他们总能树立"成功就在下一次"的
信念，并坚持到底。不要抱怨播下去种子不发芽，只要你精心
呵护，总会有收获的一天。在你最想放弃的时候，恰恰是你最
不能放弃的时候！培根在谈到逆境时说得好："失败者往往是
那些不晓得自己已接触到成功，就放弃尝试的人。"

莎拉娜是一家出版社的著名编辑，对工作十分负责。有一
次，她组织编辑了一本畅销书，为了达到最好的发行效果，莎
拉娜决心找人设计出最好的封面。

莎拉娜采取招标的方式，找了很多人设计封面。封面一个
个拿上来了，又一个个被她否定了。按一般出版社的惯例，一
本书的封面设计，有3到5个样稿就可以做选择了。但是莎拉娜
这次格外精益求精，竟然选了十多个样本。

她的这种做法，连最挑剔的同行都觉得过分了：不就一个

封面吗？干吗这样较真呢？她一共看了20个样本，都觉得不满意，无法作出最后的选择。这时书籍出版的时间越来越近了，不能够再等了。莎拉娜就对自己说："看来只能放弃了，就从这20个中选一个吧。"

但是，这时心中有个声音告诉她：即使有这么多的封面，可是真正需要的还是没有找到。不能放弃！于是，莎拉娜决定再坚持一次！

当第21个封面出现在她面前的时候，她喜出望外——不错，就是它！果然，这本书有了这个封面，宛如锦上添花，很快畅销全国。

事后，莎拉娜感慨地说："不管干任何事情，最关键的是不要轻易放弃——越想放弃的时候越不能够放弃。当你觉得再也无法突破的时候，你一定要逼迫自己更向前走一步，成功就在下一次！"

在博弈中，一些人之所以没能成功，并非没有努力，而是在遭遇到困难之后，在快成功的前夕，他们放弃努力了。而最后成功的人，总是抱着"成功就在下一次"的信念，继续努力，最终柳暗花明。

人和竹子一样，往往也是"一节一节成长"：每过一道"坎"时，都充满颤抖般的战栗和紧张感，你会深深感到那种自我失去保护的痛苦，那种类似母亲分娩的痛苦，你必须将力量集中到一点上来。闯得过去就意味着你上了一个台阶，闯不过去，就意味着成长的失败。

培根教会我们，在"关键"时刻，往往是生命的紧张和痛苦汇集到一起的时候，你必然会比平时感到加倍难受，但这是好事。如果缺少生命颤抖般的战栗和挣扎感，那就意味着你还没有触及成长的关键点，最终难以有所成就。所以，你要勇于承担那种"建设性的痛苦"。

1948年，牛津大学举办了一个"成功秘诀"讲座，邀请丘吉尔前来演讲。当时，他刚刚带领英国人赢得了反法西斯战争的胜利。他是在英国人最绝望的时期上任的，赢得了这样的胜利，他此时的声誉已近登峰造极。

新闻媒体早在3个月前就开始炒作，大家对他翘首以盼。这一天终于到来了，会场上人山人海，人们都准备洗耳恭听这位伟人的成功秘诀。

不料，丘吉尔的演讲只有短短的几句话："我成功的秘诀有三个：第一是，决不放弃；第二是，决不、决不放弃；第三是，决不、决不、决不能放弃！我的讲演结束了。"

说完就走下了讲台。会场上鸦雀无声。一分钟后，会场上爆发出了雷鸣般的掌声……

世间跌宕起伏的生活经历，让心灵脆弱的人只相信眼前的"纸醉金迷"，一旦跌倒便会沉沦，再也难以爬起。他们认为，命运就像一条永不回头的直线，重新来过不过是极幸运者的专利，自己已倒霉至此，根本不会再有重新"活"一回的时间和机会。可机会，向来只会留给相信它存在的人。一个人能否奔向新生，能否重获绝佳气质，并不因时光流逝而机会减少，只在人的内心是否坚信自己仍有"重新再来"的勇气。

请记住这样一句名言：成功最大的障碍，就在于放弃。人生就像爬阶梯一样，必须一步一阶，丝毫取巧不得；只要一步一阶，无所畏惧，终必达山顶。

附录

培根小传

奥利芬特·斯威特

　　1561年1月22日，弗兰西斯·培根在伦敦临河街的约克府出生，培根的父亲是掌玺大臣男爵尼古拉·培根，母亲是继室，共生二男，弗兰西斯是次子。

　　弗兰西斯小的时候就体弱多病，后世传者认为这就是他为何小小年纪就老成的原因。其实不然。在弗兰西斯年幼时他就偏爱研读一些超出他年龄范围高深的书籍，或许这才是他态度老成的真正缘故。

　　关于弗兰西斯的童年时期我们知道的寥寥无几，只知道他生活在两个地方：一是伦敦的府邸（约在现在的临河街与泰晤士河之间），另一个地方是哈弗州的高阑城的别墅。等到弗兰西斯十三岁的时候，他和他的哥哥安东尼一同进入剑桥大学的三一学院就读。直到这时我们才对他的生平有一定的了解。

他在剑桥大学住了三年。离开剑桥的时候，就像麦考莱说的一样："他是带着这么一种心理走的：对剑桥大学里所开的学科十分轻蔑；认为英国学校里那种教育制度是有害的；对亚里士多德派的学者虚耗精力于其上的'学问'有一种应有的藐视；对亚里士多德本人亦没有多大的尊崇。"

虽然只有十几岁，但由于他父亲的高位和家境的显赫，他早已见识过英国朝廷的生活。据历史所载，女王伊丽莎白为了访问他的掌玺大臣，曾不止一次前往高阑城的别墅。在这座富丽堂皇的别墅里，在古老的橡树、榆树丛中，这位喜欢奉承的女王可能早已接受年少的弗兰西斯优美的颂词。女王在和他的交谈之中或许已经见识过他的年少老成，因而称他为"朕的小掌玺大臣"，这些都是史料记载的。从他《论说文集》初稿中两篇文章的题目可以看出，培根从小就对宫廷的礼节习尚比较熟悉，一篇是"论礼仪"，另一篇是"论尊荣与名誉"。还有就是对于身处高位时对不同等级的人应持如何态度的议论，不但是说理公允，而且是参透世情之作。培根认为对于在上的人表示尊敬并不是一种奴气，而是处世应有的一种态度。如果我们不这样做，那又如何才能获得居于我们之下的人尊敬呢？

安东尼·培根和他的弟弟都有志于外交。为了准备起见，1576年6月，他们一起进了葛莱律师公会为"老生"。没过多长时间他们就在会中建造了几间房屋，培根后来在这几间屋中住

附 录

195

过几次。到了1576年9月，二人已经入会三月了，培根就跟随当时的英国驻法大使包莱男爵奉使巴黎。这次旅行成为他在外交事务上实际训练的开端。培根还写了一篇《欧洲政情记》，这篇文章是他用欧陆政治外交的研究结果做材料著成的。这篇文章在他的全集里多有印出者。当时的法国内部混乱，天主教与新教徒之间正开展一场激烈的斗争，有许多残酷事件引起了培根在"论党派"一文中最恰当的议论。下面的话即是其中一例：

"为帝王者务须小心，不可偏向一方，以致俨然成为某党某派的党徒。国内的党派总是于王权不利的，因为这些党派常向党员要求一种义务，简直和臣民对君主的义务差不多，并使君主变为'吾辈之一'：如法兰西的'神圣同盟'中所可见者是也。"

培根在法逗留不算太久，但在短短的时间里便学会了法语。他父亲的离世使他不得不匆匆返国，回国后他突然感到前途一片迷惘。他也曾向他的姨父朝中领袖伯莱公爵求助，想要谋取一官半职，而且按照他父亲往日的功绩来说，这样的请求也不算过分，但最终他的这种请求并未实现。塞西父子即伯莱公爵父子似乎对他们弟兄颇怀嫉妒，于是培根只好专攻法律。1582年培根拿到了律师证，1586年当选为葛莱公会的首席会员之一。

时光转眼即逝，培根依然不被重用，也未能得到他人的帮助。他也曾自己努力，几度被选入国会但始终未能崭露头角。他在议会中的政治主张，简单来说就是一种"中庸主义"。培根主张在君权与民权之间，特别是教派的纷争之间，应该采取宽容互让，不偏不颇的态度，他曾发表两篇文章来提出自己的政见，这两篇文章中都有提到他对教义的解释或刑罚的执行方面都应当采取伸缩性较大的主张。

在这一时期培根也有小小的升擢。他被委任为女王的特别法律顾问之一，又获得了御前会议登记员的候补权。这个候补权是他的亲戚，塞西父子，在他一而再，再而三的请托下才给他谋得的。不过这个职位还要等到之前在位的人去世之后才可以填补。在成为候补人的这段时间内，培根遭受许许多多的辱骂和白眼，就如同后来英国的另一文豪司各特一样。司各特等了好多年，才将法庭书记官的位置给填补上。鉴于培根的父亲的名望，有人曾对他的多年不见重用表示惊异，觉得塞西父子对他态度冷淡可以理解，但是伊丽莎白女王竟然对尼古拉·培根的儿子也不理不睬，甚是让人费解。有人说培根在当国会议员期间，不但拥护民权，攻击朝廷强迫下院与上院直接会商筹款问题的企图，而且对于增加国会用度持反对意见，做了种种就算当时卑躬屈膝道歉都很难平息君主的怒火的事。偏偏这时塞西父子又从中借机构陷，证实了培根的"目无朝廷"，最后使得女王的不悦之感日渐加深，对于培根的请求也置若罔闻。

培根由此坚决不再向亲戚求助，最后决定投奔艾塞克斯伯爵一党。伯爵年少气盛，风华正茂，刚开始的时候深得女王的信任，但是他有勇无谋，后因叛逆被诛杀。培根转附门下之日，正是伯爵官星高照之时，其声势之烜赫，不下于伯莱爵士。艾塞克斯与培根相处之后，感情甚是深厚，曾多次为他向女王请求检察长、辩护长、审判长以及案卷司长的职位。由于他的请求太过于频繁，致使女王厌倦，请他"谈别的问题"。

艾塞克斯几次请职都没有成功，便将自己值2000英镑的府邸田产赠予培根。之后二人交情更加亲密，伯爵的各种社交活动培根也常伴左右，因此还写过一本宫剧剧本乐会。培根在这方面表现突出，后来又为葛莱公会写过《学问之宫》《葛莱历史》两本戏，1625年出版的《论说文集》中有一篇"论宫剧与盛会"的文章更足证他对这种娱乐的艺术有多么深的研究。

1599年艾塞克斯征讨爱尔兰泰隆之乱，单骑还朝，无功而返，大受朝中政敌的攻击，不仅失去了权威而且还被拘禁。虽然第二年被释放，还准许他回乡居住，他自己也觉得还可以恢复昔日的宠信，谁知又因某项专卖权请求展期之事受了女王的挫辱。于是艾塞克斯气愤难平，竟意图外结苏格兰、爱尔兰，内连失意的教派，如天主教、清教徒等，以清君侧为名，带领武装侍从直捣伦敦，实行叛逆。艾塞克斯的计谋失败之后，被捕下狱，于1601年2月19日受审，25日斩决。两次受审之时培根都是奉王命陪审的。

最后一次审判时，培根对皇家尽职尽责，并且在艾塞克斯处极刑以后又奉命起草伯爵的罪状。

从艾塞克斯征讨爱尔兰之役起，到培根起草罪状之事止，这一期间培根与艾塞克斯的关系以及培根的个人行事动机十分复杂微妙，因此也很难下结论。伯爵死后没过多久詹姆斯一世登位，为了解释他在艾塞克斯一案中的行为，培根曾经发表过一篇"自白"，但这并不能让人完全信服，"自白"中也有不少话让人不满。不过，简单言之，以下这几点，表现还是很明显的：

1. 培根是忠于女王的。

2. 征讨爱尔兰之役战败之后，在艾塞克斯还没有受审之前，培根多次向女王求情。

3. 艾塞克斯的谋叛至少在表面上看来是无疑义的。

4. 其实培根当时的处境十分危险，虽然没有人说他同谋叛逆，但是处于非常时期的他为了表示忠诚，必须认真对待艾塞克斯的审讯，这是毫无疑问的。

"培根表现出的这种行为是缺乏道义感的，这是毋庸置疑的。如今我们认为个人的友谊关系应该比政治上的关系更加重要，但是这种看法的前提条件是日见增强的政情安定。这种看法对于当时培根身处的局势是不适用的，女王任命大臣之权如果可以用武力来推翻的话，英国就会陷入无政府状态，这样的状态必然会衍生各种祸乱，英国可能就陷入其中了。"这是当时加丁纳教授说的话，这似乎是对培根最公平的论断。

1607年培根写了一篇文章"论友谊"，其中有一段的开头是这样写的："世间有些人，他们的生活好像永远是在舞台上度过似的。这种生活对于别人是掩饰起来的，唯有自己可以明了。然而永远的掩饰是痛苦的，而一个只顾荣华、不顾天性的人可算是一个十足的奴才……"而在1625年出版的《论说文集》中这几句话是删去了的，我们可以认为这几句话与艾塞克斯案有关。

1597年培根《论说文集》的初版出书。该版作小八开本，卷首有题词，把这书献给作者的哥哥，安东尼·培根。此书中包含了十篇文章，文章含义丰富、精练犀利，堪称划时代作品，广受大家的喜爱。这十篇分别是：（一）论学问，（二）论辞令，（三）论礼仪，（四）论从者与友人，（五）论请托者，（六）论消费，（七）论养生，（八）论荣誉与名声，（九）论党派，（十）论交涉。

这时，女王伊丽莎白可纪念的朝代也到了末日。朝中长老级的大臣都相继而逝。1598年大臣中最伟大者伯莱去世，其子继为相。

　　女王未婚无子，由其侄苏格兰王詹姆斯六世继位，是为詹姆斯一世。他的王位还未坐稳，培根想方设法讨他欢心。因培根的哥哥安东尼拥护詹姆斯继承王位有功，1603年培根被受封为男爵，不久又受到年金六十英镑的赏赐。这时的培根还担任皇家法律顾问，他主张合并苏格兰、英格兰王国取得国王的欢心，年赐赏金四十英镑。他对这种主张不遗余力地宣传着，为此还专门写了一篇文章名为"合并论"。在这篇文章中培根搜集了很多科学和历史的论证来证明他的自然的规律和真正的政治的规律是吻合的结论。"前者是治世之理，后者是治国之道。"1612年培根又发表了一篇名为"论邦国的真正伟大之处"的文章，这篇文章中有很多论点都是取材于"合并论"。1604年10月詹姆斯听从培根的建议自封尊号"大不列颠王"。培根对于英格兰、苏格兰合并的论证准备得十分完善，所以联合委员会差不多一致通过了"合并"的提案，众议院的多数议员也对此表示赞成，但是国王坚持要将国籍承认权掌握在自己的手中，否则英格兰、苏格兰合并之事就可以早点实现。

　　1605年培根的第一部哲学巨著《广学论》出版。后来又在这本书中添加了一些新的内容，译成拉丁文，叫《增进科学论》。在这部书里培根评论当世学术界的情形，批评其过失，指出许多种所谓"学问"的空虚无聊，并建议学术进步的途径。他的《论说文集》中"论伪智""论习俗与教育"和"论学问"的几篇文字都可说是《广学论》中的题材，不过在那本书里没有详加讨论罢了。

　　培根45岁娶了市参事会参政员的女儿艾丽斯·巴南为妻。婚礼十分豪华，巴南女士带来的陪嫁相当丰富。债台高筑的培根对此当然是很欢迎的。新郎新妇的衣着亦极其奢丽。婚后15年里两人过着幸福平静的生活，但是好景不长。培根失势之后，夫妇二人感情破裂，直到培根去世后他们的感情也终未恢复。

　　1607年6月25日，婚后13个月，培根终于得到了法部次官的位置。之后三年的时间里他将全部的精力都投入到调整英国的教派之争中。当时以国家教会派与清教派为主的两大教派之间的竞争十分激烈。为了缓和两派之间的矛盾，培根主张两大教派都应该以宽容的态度去对待，但是他的这种主张以失败而告终。培根对宗教纷争的意见，可于他的"论宗教一统"一文中见之。简单地说，在培根看来宗教是维护民众的，那么自身就应该保持一致和团结。教派间的斗争会大大降低其在人们心中的可信度，这就是他不信宗教的一大原因。后来他在"论无神论"和"论迷信"二文中谈及教派的分裂，对于此事利弊的论述都相当精辟。

　　当时英国詹姆斯一世在位时有一个很大的"王权天赋"之争，实际就是"君权""民权"消长之争。这场争论最终酿成灾难，下一代的君主查理一世因此被杀害。培根起初的主张是一种"中和主义"，他认为"君权""民权"之间应该有一种"中道"，一种妥协的办法。但是这场争辩牵扯甚广，最后培根不得不改变了他的看法，由一个宽容的"自由主义"的人变为一个比较温和的王权拥护者。他的主张在"论王权"一文中也有所提及。

虽然有诸多事务缠身，但是培根只要不在议院或法院的时候几乎将时间都会花在写作上面，从不怠慢。1609年他的《古人智慧》出版。在这本书里他以解释譬喻的说法说明了古代的寓言和神话。1607年至1612年他的《论说文集》再版了两次。1612版叫作修正版，里面有几篇文章都已经做过完善，其中还添加了几篇新作，一共三十八篇。

在培根的《论说文集》（1612版）中有一篇"论残疾"是对他亲戚人格最形象生动地描写。1612年培根的表弟罗伯特·塞西尔被受封为萨斯白雷伯爵不久突然离世，培根毛遂自荐要求继其官职，但是没有得到国王的准许，之后他又请求另一官职也未能如愿，1613年他终于得到了期盼已久的法部长官和检察长之职。培根可说是一个热衷而且饱尝仕途之苦的人。在他的文章"论高位"中充分体现了他浮沉宦海的辛酸，尤其是下面的这几句话：

"跻升高位是很费力的。人们常常吃了痛苦以取得更大的痛苦，这种事情有时简直是卑污的。人们又常由屈辱之途达到尊荣……"

培根在一家名为"边缘"的新设法院担任院长之职。这个法院办理伦敦王宫区周围12英里以内的犯罪行为。这是他每天的工作。培根在就职时的训词中痛斥"决斗"之俗，指为流行全国之罪恶。他当上检察长之后毅然决然地要求杜绝这种不良风气，他提议任何犯这种罪行的人——无论是挑战的或接受挑战的或作为"助手"的——永远不得入朝为官。

1614年随着"混蛋议会"的解散，培根的政治势力也随之消失，他主张君主与国会之间的关系应当是休戚与共、互表同情的，但是因此次议会的解散加之下一届的议会迟迟没有召开，他的这种希望始终无法实现。"论叛乱"一文中就涉及这个问题。

这时罗伯特·卡尔，即桑末塞伯爵成为詹姆斯一世身边最宠幸的大臣。他声势烜赫、权倾朝野，但是他想要复亡的计谋早已被培根看穿。于是培根断绝与他的往来，转而与后来被封为巴金汉公爵的乔治·威里埃结交，不久桑末塞和他的夫人因谋杀奥勿伯雷爵士而判罪，从此一蹶不振，权势尽失。而乔治·威里埃则扶摇直上，国王对其的宠幸更甚于桑末塞。乔治·威里埃的宠幸与早期的升擢，培根功不可没。他在"论野心"所说"宠臣"的话有人推测就是指詹姆斯一世好蓄宠臣的，但是他为了取媚国王，竟不惜这样替他文过饰非：

"有些人认为君王者若有宠幸乃是一种缺点；然而宠幸之臣乃是对有野心的大臣贵族的最好的防御。"

培根为巴金汉公爵立下汗马功劳，巴金汉公爵对他的赏赐也算优渥，而且他利用高位为培根谋得枢密会议议员一职。1617年3月布瑞克莱爵士退休，培根又继任为掌玺大臣。他的典礼演讲词也气势磅礴。1618年1月，培根完成了他官职生涯的最后一步，被受命为英格兰的法相。1618年7月他被封为外如阑男爵。外如阑是圣奥本斯的拉丁名字，它是高阑城附近的一座城市同时也是培根别墅的所在地。

此时的培根收入甚高，他的居家生活也得到提高，家中布置得富丽堂皇。1620年1月，培根60岁寿辰，他设宴于约克府，邀请好友一同为他庆贺。诗人本·琼森也曾参与此会，并且写诗为颂。同年10月他的《新工具》一书发表，按照麦考莱的说法，当时全欧洲的学者对培根都深表崇敬之情。1621年1月培根又被封为圣奥本斯子爵。

至此培根在仕途上也算是登峰造极了，地位、名望、财富、官爵集于一身。在他取得这些功名利禄的过程中难免也做过一些可耻的事情，比如，耶外吞检察长（培根友人）被审枉法案时背弃了他；赞成对若莱爵士处以极刑；又如允许剥削人民的"专卖权"；明明知道英国人民憎恶西班牙还要与荷兰

（西班牙之敌国）签订攻守同盟；听任巴金汉干涉司法……他在"论交涉"文章开头这样写道：

"同有所需求的人交涉比同已获所需的人交涉要好得多……"

这段好像是他故意写得有点晦涩，可其中有一种愤懑不平之意，对于他一生不得不逢迎旨意、奉承权势之事（先是塞西父子，后是詹姆斯一世及其幸臣）颇具牢骚，这是毋庸置疑的事情。

但清算的日子终究还是来了。从1614年到1621年英国议会未曾召集，但到了1621年，国王因为筹款比较艰难，不得不召集国会。这届国会的第一个议案就是要求改革"专卖法权"，因为当时巴金汉公爵及其党羽正利用这一特权来祸国殃民。当时的下议院受到培根的敌人科克的鼓动，由这个议案进而批评起整个司法界的情形，并且列举了28条罪状，指控法相贪赃枉法。其实这28条罪状都十分微细，但是其影响力却不容小觑。培根心里也明白这件事情的背景和意义，因此，他奏请国王对议会采取抵抗的态度。他说："现在要打击你的相师的人恐怕将来也要打击你的王冠。"28年后詹姆斯一世的儿子查理一世果然被议会所杀。培根的这句话可说是有先见之明了。

但是培根的努力并没有见效。国王可以囚禁科克但是却没有办法援救培根，因为他的罪状连自己也无法否认。他受贿这是事实，让他必然为他的行为付出代价。这个贪官正是"论司法"一文的作者，此篇文章也无异是他的判词，尤其是以下一段话：

"最要者节操乃是他们（法官们）的本分和应有的美德……一次的冤判比多次的罪行其害更大，因为罪行只会搅污河水，但是冤判则会影响这个水源……司法之处所是一个神圣的地方，因此不仅裁判席，坛阶庭院都应该保证公正公平，不徇私枉法。"

培根看出当时的局势无法逆转，于是给国王写了封信，信中表示愿意接受贵族院的裁判。这封信的内容相当矛盾复杂，有悲痛也有愤怒。一方面是高尚的志愿，要使"公道的泉源"更求纯洁，另一方面却是对他的攻讦者的骂詈。培根写这封信时那种复杂的心情在他的"论自谋"一文中也有所体现，因为这篇文章写的是他与詹姆斯一世、巴金汉的以往的关系，而当时贿赂盛行，上自国君，下到小吏，无不受贿。

耶外吞所受的苦终于降临到培根的头上。詹姆斯一世和巴金汉对他坐视不管。培根被贵族院判决有罪，拘禁于伦敦塔中，罚金4万英镑，虽然没过多久就被释放回到高阑城别墅，之后将罚金归还给他的同时还取消了不许接近宫廷的命令，但是不许再入议会一令始终未曾改变。

从文学与哲学的角度来看，培根的晚年算得上是他一生最风光的时候。"顺境的美德是节制；逆境的美德是坚忍。这后一种是较为伟大的一种德性。顺境是《旧约》所宣布的福祉，逆境是《新约》所宣布的福祉，而《新约》乃是福音更大、诏示上帝的旨意更为清晰的书。"这几句话是在他失意后写的，从中我们不难看出这场挫折对培根产生的巨大影响。研读过他这篇"论困厄"的人都会被他感动。受到挫折之后培根转向学问之途，这原本是他追逐政治生涯所中断的道路。在深奥的学术中他看到了希望，找到了一丝安慰。在他的"论人性"一文中体现出他对这份工作的热爱。

这一时期培根在学术上收获颇丰，在短短五个月的时间里就将《亨利第七本纪》完成了，这本书曾经得到哥罗歇斯和洛克的大力赞赏，将其喻为充满哲学意味的史学著作之模范。

在此之后培根为他接下来的《亨利第八本纪》做准备，还写出了《大不列颠史》的大纲，同时又为他的《英国律苏格兰律提要》做笔记，还起草了一篇《神圣战争对话》。1623年《广学论》的拉丁文增译本刊行，还出版了《新阿提兰提斯》，虽然这是一本没有完成的哲学小说。英国皇家学会可以说是实现了他部分的思想。1625年《论说文集》最后一次修正出版，其中还增添了很多新的内容，一共包括58篇文章。这是培根最后的写作事业，书出版后不到几个月他不幸离世。

在培根去世之前的很长一段时间里，他的身体状况很差，已经到了风烛残年的地步。1626年4月9日，这天天气十分寒冷，他买了一只鸡，想要看看寒冷是否能延迟腐化，于是他把鸡杀了将雪塞满了鸡的肚子。为了这个实验他在雪地里待得太久，因此受了风寒，他被人抬到爱伦德爵士家中，一个星期之后，培根平静地离开了人世，遗体葬于圣尔本斯的圣迈考尔教堂他母亲的墓旁。

培根在学术上的成就是伟大的，但从道德角度来说有点欠缺。他的人格多样，他的天才不限于一隅。他是法学家、政客、科学家、哲学家、历史学家，又是散文作家。面对这样复杂多变的性格与才能，想要下一个结论是非常困难的事情。培根对于神学和教会知识也十分感兴趣，他曾经写过语意双关的话——"对隐藏的诗人要厚道些"，这句话是"培根派"所特别注重的。

培根的哲学理论可由《广学论》（英文本及拉丁文本）以及《新工具》窥知一二，他的核心都是重新研究、分类并科学化一切的知识。说他创立了一个学派或发明了一个系统是错误的，一个砌了大门的人不能说这座房子是他盖的。虽然他于学无所不窥，然而分散了太多的精力，结果如他自己半悲哀半谐谑的说法，"他不过是摇铃召集学士才人开会的人"而已。

现在我们谈一谈他的"论说文"。只要仔细研读过他文章的人都会发现这是作者自己的经验，这也是经过他反复陶冶锻炼过的。

　　每篇文章中都会将那篇文章的主旨和结论与作者的生平关联起来。这是一种很微妙的关系，时隐时现。培根的《论说文集》可说是少数的"世界书"的一部，这本书不是特意为哪一国而作的，而是为万国而作的，是为这个时代而作的，在这本书中体现了变化无穷的兴趣和极高的智力。所以形形色色的读者，无论什么样的类型或脾气，都可以在这本书中找到共鸣。在培根的那个时期，有专门描写英国风土人情的书籍，如郝尔的《特征》，奥勿伯雷的《性格》等，想要写一本这样的书对于培根来说是很简单的事情。但是如果他真这样写的话估计也只有英国人才能够体会其中的情绪和精神了。现如今培根的《论说文集》的影响可说是仅为世界的四极所限，既然大家都可以看得懂，那么所有人都可以随意享受。

　　我们现在读的《论说文集》可以看作经过三个阶段的进化，这三个阶段可由1597年、1612年和1625年的三个版本代表。第一版只有10篇文章，因为书比较单薄，因此又填补了一篇用拉丁文写的"宗教默思"。直到1612年，篇幅又增加了38篇。后又将第一版的10篇文章作了修改，而且有几篇是重新写过的。直到培根去世时止（末版就是如今的通行本，共有58篇文章），培根一直将这本文集带在身旁，不断地加以修改和完善。随着阅历的增长，培根对待事物的看法也有所改变，因此文章中的言论也不得不有所改变。如"论请托""论党派""论友谊"三篇文章都可以看得出是经过不断完善的。"论友谊"一篇为了末次版刊行的缘故，曾经完全重写。

这些文章从初次问世起就很受读者的欢迎。思想之精密与语句之简洁是它们的优势，因为当时的文章大多数都是语句繁华、思想散漫的。就总体而言，培根的文章也许没有多恩或胡克的黄钟大吕之音，伯顿或布朗的华丽辞藻，约翰森的大雅堂皇——这种"大"有时可以说是种夸大，也没有塞尔登的精悍倔强，但是每篇文章都有自己独特的地方，可以说是融会众家所长，展现了六家之美。培根的文章涵盖了当时的各种特性——如词藻之富丽、趣味隽永、思想繁复。在早期的论说中，词句干脆而具对比，所以涵义饱满而措辞警策，往往一语中的。后来的文章里却又有典雅从容，着色鲜明之作。前者于"论学问""论请托"中见之，后者则可于"论建筑""论园庭"中见之。

培根的《论说文集》是世界上一本划时代的名著。很多人的性格深受这本书的影响。但是不免会被有些人拿去同法国人蒙泰涅的《论说文集》作比较，因为这两本书的出版时间仅相差17年。蒙泰涅的书对于社会问题和感想阐述得比较全面，对人生的观察与思考的范围也比较广泛，但是在他的文章里我们很难找出培根所表现的那种确切的了解，精密思想的"筋骨"，对学问全体的广泛认识，在比拟事物道理方面的几乎非人间的敏锐以及对当时各种学问的渊博。在另一方面，蒙泰涅轻巧的手法也是培根所欠缺的。蒙泰涅可以用生动的文笔将老生常谈的道理说得栩栩如生，但蒙泰涅也没有培根直达事物灵魂那种卓识和极高的逻辑思维。所以，如果说蒙泰涅是文笔优美的写作家，那么培根就是道德和智慧并存的思想家。

1625年以前培根虽然没有提起蒙泰涅的名字，但据说在蒙泰涅的第一卷散文集出版之后，培根是读过的，这种说法十有八九很可靠。两人都写过同样的题目：培根有一篇"论虚荣"，蒙泰涅则有两篇，一论"光荣"，一论"虚荣"；培根有"论学问"之作，蒙泰涅亦有"论书籍"之作；培根有一篇文章"论礼仪"，蒙泰涅也有一篇"论朝见的礼节"，内容上是差不多的。培根在他的"论友谊"文章的开头这样写道：

"我们看到伟大的君王对于我们所说的这种友谊的效果如何重视，也不免觉得惊异……"

蒙泰涅在他的"论友谊"中也有同样的话。

我们综览全集，培根的论说文可以总结为三个大题目：（1）人与自己的关系；（2）人与世界及人群的关系；（3）人与上帝的关系。这三大题目之间并不是互不相连的，所以培根的文章也可以归入一类里。如果将这三大题目分开之后，我们就可以将培根的文章分门别类，作一种比较有系统的研究了。

第一类最大。属于这一类的文章其论题是人与他的物质环境及人与人的关系。这后一种就是构成社会的关系，代表这一类的文章有"论殖民""论父母与子女""论建筑""论园庭""论请托""论司法""论辞令""论党派"等。

第二类的文章是以个人的自身为主题的，内容多是一个人的智力与道德的种种关系。这一方面的代表文章主要有"论伪智""论困厄""论荣华与名誉""论残疾""论养生""论学问""论野心""论自谋"等。

第三类的主题是人与上帝及非感官所及的世界的关系。"论死亡""论宗教一统""论无神论""论迷信""论人性""论善"……是这一类文章的代表。

由培根的文章，在理论方面可以看出作者是一个对于道德有极深崇敬的人，如果不是这样的人是不会说出下面的话的：

"一个自身无德的人见别人有德必怀嫉妒。"

"行善事的能力是一个人之希冀的真实合法的目标，因为善意虽然是上帝接受的，而对于人则比好梦好不了多少，除非他以行为表现出来。"

"过度的求权力的欲望使天使们堕落，过度的求知的欲望使人类堕落，但是为善的欲望是不会过度的。不管是天使还是凡人都不会因为它而遇到危险。"

从以下的这段话中我们可以看出培根至少在理论方面是一

个对待公道正义有着比较深的爱慕和崇敬的人。

"消除暴力与奸诈是一个法官的责任与义务。"

"谁也不可以愚蠢地认为公平的法律和真正的权术是不相等的，因为二者就好比是人的精神和筋肉，是同时并行的。"

"思想中的疑心就好像鸟中的蝙蝠一样，永远是在黄昏中飞翔的。疑心使君王倾向专制，丈夫倾向嫉妒，智者倾向寡断和忧郁。"

在培根的心里永远都是真理至上。无论在人生的交往中还是在科学研究上他都秉持这样的主张，譬如他说：

"真理为自己的判断者。他的教训是——真理的探求（就是对真理求爱求婚），真理的认识（就是获得真理）和真理的信仰（享受真理）乃是人性中的最优之点。"

"一个人的心智若在仁爱中行动，在天意中休息，在真理的地轴上旋转，那他可以说已到了地上的天堂了。"

至此我们也是时候与弗兰西斯·培根说再见了。

就算他仅仅只留下《论说文集》一部著作传于后世，读者也依然会向他表示感谢，一般感谢他的读者并不仅仅因为他是同国人，而是因为《论说文集》是我们人类共同的一笔宝贵的财富。我们对于培根的感激不是一朝一夕的，而将会与日俱增，与年俱永。